BEI GRIN MACHT SICH IHR WISSEN BEZAHLT

- Wir veröffentlichen Ihre Hausarbeit, Bachelor- und Masterarbeit
- Ihr eigenes eBook und Buch - weltweit in allen wichtigen Shops
- Verdienen Sie an jedem Verkauf

Jetzt bei www.GRIN.com hochladen und kostenlos publizieren

Andrea Edith Franz, Vivian Gjurin, Bastian Bammert, Annika Wakup,
Susanne von Pappritz

Marquis de Sade: Philosoph oder Sadist?

Science Factory

Bibliografische Information der Deutschen Nationalbibliothek:

Copyright © 2014 GRIN Verlag GmbH
ISBN: 978-3-95687-118-4

http://www.grin.com/de/e-book/268334/marquis-de-sade-philosoph-oder-sadist

Bibliografische Information der Deutschen Nationalbibliothek:

Die Deutsche Nationalbibliothek verzeichnet diese Publikation in der Deutschen Nationalbibliografie; detaillierte bibliografische Daten sind im Internet über http://dnb.d-nb.de abrufbar.

Impressum:

Copyright © 2013 ScienceFactory

Ein Imprint der GRIN Verlags GmbH

Druck und Bindung: Books on Demand GmbH, Norderstedt, Germany

Coverbild: von Unbekannt (The Granger Collection) [Public domain], via Wikimedia Commons

Marquis de Sade: Philosoph oder Sadist?

Susanne Becker (2007): Die Faszination des Bösen bei Marquis de Sade - Zwischen Philosophie und Pornographie 7

Zur Begründung der Thematik 8

Marquis de Sades Werk als Apologie des Bösen 10

Marquis de Sade und die Tugend 15

Schlussbetrachtung 19

Literaturverzeichnis 21

Andrea Franz (2006): Der Glücksbegriff im Sadeschen Werk 23

Der göttliche Dämon Marquis de Sade 25

DE Sade – ein Kind seiner Zeit 27

„Ja, durch die Polizei werden sie am meisten verbreitet." 29

Der Glücksbegriff im Sadeschen Werk 31

„Ich schreibe nur für diejenigen, die fähig sind mich zu verstehen; sie werden mich ohne Gefahr lesen." 41

Schlusswort 45

Literaturverzeichnis 46

Anhang 49

Vivian Gjurin (2006): Theorie der Sexualität bei Sade. Überlegungen anhand von "La Philosophie dans le boudoir" 51

Umgang mit Sade 52

Systematische Erklärung der Philosophie Sades nach George Bataille 54

Sex bei Sade 57

Frau aus der Gender-Perspektive? 59

Frau bei Sade 61

Konklusion 62

Bibliographie 63

Bastian Bammert (2007): Von der Monopolisierung der Gewalt zum Arbeitsprozess und der rationalisierten Sexualität bei Marquis de Sade. Arbeiter und Arbeitsprozess in Analogie zu den Libertins und der de Sadeschen Orgie 65

Einleitung: Zum Thema und Inhalt der Arbeit 66

Zivilisationsprozess und Naturbeherrschung 67

Aufklärung (Funktionalisierung) und Arbeitsprozess 79

Die Rationalisierung der Sexualität bei De Sade 86

Schlussbetrachtung 97

Literaturverzeichnis: 98

Annika Wakup (2004): Die Ästhetisierung des Bösen: Marquis de Sade 101

Einleitung: D.A.F. Marquis de Sade 102

Fin de siècle und Décadence: Begrifflichkeiten 103

Karl Rosenkranz: Ästhetik des Hässlichen 108

Formen des Hässlichen bei Sade 111

Überwindung des Hässlichen durch die Komik 113

Sadismus oder Satanismus? 115

Schlussbemerkung 119

Literaturverzeichnis 120

Einzelpublikationen: 121

Susanne Becker (2007):Die Faszination des Bösen bei Marquis de Sade - Zwischen Philosophie und Pornographie

Zur Begründung der Thematik

„Soll man de Sade verbrennen?"[1] fragte sich die Schriftstellerin und Philosophin Simone de Beauvoir in ihrem gleichnamigen Essay und scheint damit eine zentrale Frage zur Figur des Marquis de Sade[2] aufgeworfen zu haben, dessen Manuskripte zur Hälfte tatsächlich von seinen Erben und anderen den Flammen übergeben, zensiert, gestohlen und konfisziert worden sind. Von den einen als „einer der nichtswürdigsten Menschen, die je gelebt haben"[3] und den anderen als genialer Prophet[4] betrachtet, wird der französische Schriftsteller des 18. Jahrhunderts meist einem Extrem zugeordnet, das ihm nicht gerecht zu werden vermag. Ziel dieser Arbeit soll es daher sein, das skandalträchtige Leben und Werk des berüchtigtsten Verfassers pornographischer Schriften eher ernst als übel zu nehmen, um somit eine objektivere Perspektive auf de Sade erlangen und vermitteln zu können.

Ohne Zweifel spielt die Faszination von dem, das im gegenwärtigen Zeitalter als das Böse schlechthin bezeichnet werden würde, bei de Sade eine zentrale Rolle und wird durch die Verknüpfung von philosophischen und pornographischen Elementen in seinem Werk sichtbar gemacht, was es zu untersuchen gilt. Ferner soll sich diese Arbeit der Frage stellen, ob dasjenige, was de Sade verschriftlichte, wirklich als böse gelten kann. Eine Frage, die gewagt scheint, wenn man bedenkt, dass de Sade Mord, Nekrophilie, Folter, Kannibalismus und undenkbares mehr zu den vorherrschenden Themen seiner literarischen Tätigkeit machte. Darüber hinaus erfolgt eine Auseinandersetzung damit, inwiefern man de Sades Werk als Apologie des Bösen bezeichnen könnte und mündet in einem Abriss über de Sades philosophisches Verständnis von der Tugend und der menschlichen Freiheit. Schwerpunkt und somit Thema dieser Arbeit soll es sein, die Faszination des Bösen bei de Sade zu ergründen und zu beweisen, dass de Sade mehr ist als ein Lüstling, der Gewalt und Perversion proklamierte und

---

[1] Vgl. Beauvoir, Simone de: Soll man de Sade verbrennen? Hamburg 1983.

[2] Eigentlich Donatien Alphonse François de Sade.

[3] Weiske, Johannes: Allgemeines deutsches Conversations-Lexicon für die Gebildeten eines jeden Standes. Bd. 6. Leipzig 1837. S. 204.

[4] Vgl. Beauvoir, Simone de: Soll man de Sade verbrennen? Hamburg 1983. S. 9.

enttabuisieren versuchte. Auf die Frage von Simone de Beauvoir sollten die nächstfolgenden Betrachtungen also ein klares Nein als Antwort geben können.

Marquis de Sades Werk als Apologie des Bösen

„Die unzüchtigste Erzählung, die erfunden wurde, seit die Welt besteht"[5] meinte de Sade mit seinem unvollendeten Roman „Die hundertzwanzig Tage von Sodom" (1904) geschaffen zu haben. Mit Recht kann hier neben seinen bekanntesten Schriften „Justine" und „Juliette"[6] von einem Höhepunkt literarisch manifestierter Ausschweifung gesprochen werden, wie sie die Welt zuvor tatsächlich noch nicht kennen gelernt hatte.

Doch was die Sade-Lektüre von einem seichten erotischen Roman unterscheidet, ist das Wechselspiel von Pornographie und philosophischen Feststellungen, die durch die Darstellung gewalttätiger sadistischer Handlungen begleitet werden.

Dass de Sade sich in seiner schriftstellerischen Tätigkeit, die sich zum größten Teil in seiner Gefangenschaft etablierte, nun in dem Maße denkbaren und undenkbaren Extremen zuwandte und somit bis heute bestehende Tabus wie Inzest oder Kannibalismus zu Spielarten der Lustbefriedigung avancieren ließ, scheint umso mehr etwas unterstreichen zu wollen, was außerhalb des Extremen nicht deutlich genug hätte erkannt werden können. Er ließ das Böse triumphieren, um eigentlich etwas ganz anderes darstellen zu wollen. So begnügt sich de Sade nicht mit der Darstellung des Bösen, dass sich bei ihm in Verbrechen aller Art manifestiert und „fast immer der eigentliche Reiz der Sinneslust ist"[7], sondern gibt ihm einen Sinn. Er erhebt das Böse zu einem Prinzip, das laut ihm gerechtfertigt werden kann. Zumindest versucht sich de Sade an einer Apologie des Bösen, indem er den ausschweifenden Handlungen moral-philosophische Exkurse folgen lässt. Wie eine solche Theorie der Rechtfertigung des kriminellen oder sexuellen Verbrechens von de Sade begründet wurde, soll an nächster Stelle erläutert werden.

Um den Status des Bösen bei de Sade näher beschreiben zu können, spielen de Sades grundlegende Ansichten hinsichtlich verbrecherischer Handlungen eine immanente Rolle. Noirceuil erwidert auf Juliettes Frage, was ein Verbrechen ist:

---

[5] Sade, Marquis de: Die hundertzwanzig Tage von Sodom oder Die Schule der Ausschweifungen. Werke 1. Köln 1995. S. 73.

[6] Erschienen 1791 und 1797. Vollständig überarbeitet erschienen im selben Jahr beide Romane vereint in einer zehnbändigen Ausgabe: „Die neue Justine" und „Die Geschichte von Juliette".

[7] Sade, Marquis de: Die hundertzwanzig Tage von Sodom, in: Beauvoir, Simone de: Soll man de Sade verbrennen? Hamburg 1983. S. 32.

„Man nennt Verbrechen jede bewußte oder unbewußte Übertretung desjenigen, was die Menschen Gesetze nennen, woraus du ersiehst, daß wir es mit einem gänzlich bedeutungslosen Wort zu tun haben, denn die Gesetze stehen in Beziehung mit den Sitten und dem Klima."8

De Sade sah das Verbrechen als etwas Natürliches an, das umso stärker im Menschen auflöderte, je mehr es durch das bürgerlich-konventionelle Leben als nicht tugendhaft und unsittlich betrachtet wurde; damit machte er sich, in Anlehnung an die spätere Theorie Freuds, zur Aufgabe, bisher versteckte Triebe im Menschen aufzudecken. So beschreibt er das Verbrechen als die „Seele der Geilheit", denn „was wäre ein Genuß, den nicht Verbrechen begleitet? Nicht das Objekt unserer Ausschweifung erregt uns, sondern die Vorstellung des Bösen."[9] Dass de Sade zwischen der Beschreibung des Bösen und der tatsächlichen Nachahmung seiner Phantasien, die er zu Papier brachte, stark differenzierte, beweist, dass es ihm um mehr ging, als um die bloße Auflistung von sexuellen Handlungsvarianten. Im Jahre 1781 schreibt er seiner Frau Renée Pélagie de Montreuil: „Ja, ich gestehe, ich bin ein Wüstling; alles was man sich auf diesem Gebiet vorstellen kann, habe ich mir vorgestellt, aber ich habe durchaus nicht alles getan, was ich mir vorgestellt habe, und werde es auch nie tun. Ich bin ein Wüstling, aber ich bin kein Verbrecher oder Mörder."[10]

Laut de Sade ist das Böse etwas von der Natur gewolltes und durch ihr Dasein und negatives wie positives Agieren von ihr selbst proklamiertes. Sich dem Bösen hinzugeben sei somit nur eine natürliche Folge der Abwendung von gesellschaftlichen Konventionen und Gesetzen hin zum Natürlichen – zur Natur, die, im Gegensatz zur rousseauschen Auffassung, in der der Mensch von Natur aus gut ist[11], ein Spiegel der Bösartigkeit des Menschen selbst darstellt. Damit erhält das Böse durch de Sade eine neue Dimension. Dementsprechend heißt es in „La nouvelle Justine"[12]: „Wir gehorchen ihr [der Natur] also, indem wir uns dem Bösen hingeben." Das Böse ist quasi Gesetz der Natur selbst und somit

---

[8] Sade, Marquis de: Gesammelte Werke. Flensburg 1999. S. 209.

[9] Sade, Marquis de, in: Beauvoir, Simone de: Soll man de Sade verbrennen? Hamburg 1983. S. 36.

[10] Sade, Marquis de: Briefe. Gilbert Lely (Hrsg.). Düsseldorf 1962. S. 62f.

[11] Rousseau, Jean-Jacques: Preisschriften und Erziehungsplan. Bad Heilbrunn 1993. S. 118.

[12] Köster, Thomas. „Sade, Donatien Alphonse François, Marquis de." Microsoft® Encarta® 2007. Zur besseren Übersicht ist eine kurze Gliederung der Entstehungsvarianten mit ihren Originaltiteln angebracht: I. Les Infortunes de la vertu (1987), II. Justine, ou les Malheurs de la vertu (1791), III. La nouvelle Justine, ou les Malheurs de la vertu, suive de l'Histoire de Juliette, ou les Prospérités du vice (1797).

nicht unbedingt böse, sondern bildet nur den anderen Part zum Guten, wobei beide Gegensätze nur Teile eines untrennbaren Ganzen darstellen. Das Böse erfährt mit dieser Theorie Legitimation, da das Böse als die Essenz von allem[13] existiert und deshalb durch seine Natürlichkeit nicht verwerflich sein kann.

Indem der Mensch, genauer gesagt die herrschenden Mächte, über Gut und Böse und deren Gewichtung entscheiden, obwohl dieses ihnen nicht zustünde, sondern in der Natur bestimmt liegt, begehen sie die wahren Verbrechen, so dass de Sade mit der Darstellung von an die Grenze des menschlichen Verstandes reichenden Folterorgien das herrschende Wertesystem verhöhnt und somit an den Pranger stellt. Was er beschreibt, mag zwar als böse und verbrecherisch gelten, ist aber nicht weniger erbarmungslos, als das, was die Natur leistet, die er in „Justine" die gleichnamige Heldin, trotz ihres beständigen Glaubens an die Tugend, von einem Blitz erschlagen lässt. Aus der Perspektive de Sades wird so die ganze Begrifflichkeit des Bösen in Frage gestellt. Was er mit dieser Theorie des Bösen proklamiert, ist eine normfreie Welt, in der Menschen- wie auch Naturgewalten ihrer Natur gemäß frei agieren können; eine Welt, in der der Stärkere über den Schwächeren herrscht (ähnlich der Auffassung Hobbes, der den Menschen als des Menschen Wolf beschreibt) und den Trieben frei von einer vernuftbetonten Moral nachgegangen werden kann. Frau Beauvoir bemerkt zu dem Status des Menschen in der Natur: „Der Mensch, der Sades Einstellung vollkommen vertritt, lässt seiner Natur freien Lauf, wobei er genau weiß, daß dieses seine Natur Böse ist."[14]

Mit dieser philosophischen Verteidigung des Bösen als Verbotsüberschreitung stößt de Sade ohne Zweifel in der epochalen Zeit der Aufklärung, die die Vernunft in den höchsten Tönen lobt, auf Missmut und Gegenwehr: „Das verdorbenste Herz, der niedrigste Charakter, die seltsamste und obszönste Phantasie können nichts erfinden, was die Vernunft, das Schamgefühl, die Menschheit derart beleidigt."[15]

Doch de Sades Theorie vom gerechtfertigten Laster erscheint sich widersprechend. Im Verbrechen und somit im Bösen liegt für ihn das größte Lustpotential, doch Verbrechen, die er als natürlich entschuldigt, können nicht

---

[13] Vgl. Sade, Marquis de: Juliette. New York 1968. S. 399.

[14] Beauvoir, Simone de: Soll man de Sade verbrennen? Hamburg 1983. S. 137.

[15] Gear, Normen: Dämon Marquis de Sade. München 1964. S. 7.

mehr verbrecherisch und lasterhaft sein. Es bleibt also die Frage offen, was mit der Faszination des Bösen in einer Gesellschaft, jenseits aller Normen existierend, dann geschieht. Überhaupt scheint de Sade in keinem Wort zu erwähnen, dass eine Welt, die mit allen Normen bricht, durch natürliche Strukturierung so oder so zu neuen Normen finden würde.

Beauvoir vermutet hinsichtlich dieser Diskrepanz der Sade'schen Theorie, dass mit der Abschaffung der Verbote und dem Schwinden der damit einhergehenden „Geilheit", die die Verbrechen bedingen, das verbrecherische ungezügelte Handeln ausgelöscht wird.[16] De Sade selbst sah seine Neigungen hin zum Bösen mitunter in der Wut auf das herrschende System begründet. So schrieb er in einem Brief an seine Frau 1783: (…) dieser Fanatismus ist das Ergebnis der Verfolgungen durch meine Tyrannen"[17], so dass die von ihm als ideale Gesellschaft proklamierte, die die Eigenarten eines jeden Menschen respektiert, die Lösung für sein Außenseiterdasein bietet, indem er sich bei Nutzlosigkeit eines Verbrechens, ohne Probleme in die Gesellschaft einfügen könnte, die ihn zu seiner Zeit eher als Monster als einen gleichwertigen Menschen, der seinen natürlichen Trieben und Gelüsten nachgeht, betrachtete. In seinem Roman „Aline et Valcour ou le roman philosophique" (1739) beschreibt de Sade solch einen Gesellschaftsstaat, genannt Tamoé, in welchem es keine Verbrechen mehr gibt, weil dort keine Handlung als Verbrechen definiert wird.

Festzuhalten bleibt, dass de Sade mit einer ungeheuerlichen Kraft an diesen seinen Vorstellungen festhielt. So schreibt er im gleichen Jahr in einem anderen Brief an Renée Pélagie de Montreuil: „(...) tötet mich oder nehmt mich, wie ich bin, denn der Teufel soll mich holen, wenn ich mich jemals ändere."[18] Diese Standhaftigkeit beweist seine enorme Überzeugung von seiner Sicht auf die Gesellschaft. Mit Sicherheit ist diese Radikalität unter anderem darin begründet, dass er fast die Hälfte seines Lebens aufgrund seiner zügellosen Neigungen[19] in dunklen engen Kerkern, Irrenanstalten sowie Armenhäusern verbringen musste und nicht nur einmal zum Tode verurteilt wurde. Der Schlüssel zu seiner Philosophie einer Gesellschaft repressionsfreier Sexualität liegt demzufolge in

---

[16] Vgl. Beauvoir, Simone de: Soll man de Sade verbrennen? Hamburg 1983. S. 59.

[17] Sade, Marquis de: Briefe. Gilbert Lely (Hrsg.). Düsseldorf 1962. S. 107.

[18] Ebd., S. 116.

[19] Unter anderem ging es dabei um Verurteilungen wegen mehrerer Sexualdelikte Sades mit Prostituierten.

seinen Gefängnisjahren, in denen man sogar versuchte mittels einer Zwangsjacke Sades Sexualität zu töten.[20]

---

[20] Vgl. Lutz, Bernd (Hrsg.): Metzler Philosophen Lexikon. Stuttgart 2003. S. 625.

Marquis de Sade und die Tugend

In dieser bereits aufgezeigten Dimension des Bösen bei de Sade gibt es notwendigerweise keinen Platz für eine menschliche Eigenschaft wie der der Tugend. Wie sehr de Sade die Tugendhaftigkeit ablehnte, wird mit Sicherheit am deutlichsten zu verstehen sein, wenn man sein Werk „Justine" zu dieser Betrachtung heranzieht. In diesem Roman lässt de Sade ein an Tugendhaftigkeit und Gottgläubigkeit nicht mangelndes Mädchen immer wieder auf ihrem Irrweg des Lebens ungeheuerliche Verbrechen widerfahren. Diese Verbrechen treibt de Sade auf die Spitze, indem Justine kein einziges Mal auch nur für eine gute Tat belohnt wird und selbst diejenigen, denen sie hilft, sich des Verbrechens an ihr schuldig machen bis sie von einem Blitzschlag endgültig dahingerafft wird.

Im Folgenden soll erläutert werden, was für eine Perspektive de Sade genau auf die Begriffe der Tugend und Freiheit hatte und wie er den Begriff der Tugend zu widerlegen versuchte.

Tugend

„Alle unsere Hoffnungen sind weder gut noch schlecht, und wenn sie der Mensch so bezeichnet, so geschieht es nur wegen der Gesetze oder wegen der Regierung, unter der er lebt. Aber in Beziehung auf die Natur sind alle unsere Handlungen untereinander vollkommen gleich."[21] Diese Aussage de Sades in seiner „Juliette" ist der Grundbaustein für seine Theorie von der Nutzlosigkeit der Tugend und Religion. Die Tugend verliert ihre Bedeutung, indem sie ein Produkt von Sitte, Norm und Erziehung ist; ein Begriff, der das von der Regierung in Grenzen gesetzte Leben beschreibt und nicht als solches in seiner Bedeutung existent ist.

Die Moralvorstellungen der Gesellschaft empfindet de Sade als künstlich; von ihr solle man sich abwenden und dem Beispiel der Natur folgen, auch wenn sie erbarmungslos ist, denn „niemals kann sich die individuelle Freiheit in einer Ordnung wieder erkennen, von der sie unterdrückt wird."[22] Deshalb kann die Tugend auch stets nur ein eingebildetes Glück verschaffen. „Das Glück – so die

---

[21] Sade, Marquis de: Gesammelte Werke. Flensburg 1999. S. 209.

[22] Beauvoir, Simone de: Soll man de Sade verbrennen? Hamburg 1983. S. 58.

zentrale Botschaft – liege nicht in der Ausübung der Tugenden, sondern vielmehr in der Hingabe an Laster, Verbrechen und Gewalt."[23]

Den Beweis führt de Sade in nahezu allen seinen Schriften an: Der zügellose Verbrecher wird niemals bestraft, ganz im Gegenteil – stets triumphiert er und wird reich belohnt, denn „nur durch Missetaten erhält sich die Natur und erobert sich ihr Recht zurück, die die Tugend ihr genommen hat."[24] De Sade spricht somit der Natur einen Gleichgewichtssinn zu. Die Tugendhaftigkeit zerstört diese natürliche Ordnung und fordert und fördert somit umso mehr das Böse.

In einer Welt, in der das Laster der Tugend vorgezogen wird, stellt sich die Frage nach einer Religion allein dahingehend, ob ein Gott existiert, der im Kern dem Bösen verschrieben ist, oder aber ob es eine gottlose Welt ist, in der die Tugend keinen Wert besitzt. Doch einen gütigen liebenden Gott, so de Sade, gibt es nicht, der Tugendhaftigkeit und Glaube am Tag des jüngsten Gerichts belohnt: „Es gibt einen Gott, es ist unerläßlich, daß irgendjemand das, was ich erblicke, erschaffen hat, doch hat er es nur dem Bösen zuliebe erschaffen, fühlt sich nur im Bösen wohl; das Böse ist sein Wesen".[25] Und doch umfasst die Natur nach de Sade, in ihrer Gleichgültigkeit über moralische Wertungen, sowohl das Gute und Böse, die Schöpfung und Vernichtung, Leben und Tod.

Damit „entlarvt [de Sade] die gesamte Theodizee-Philosophie, jegliche Tugendlehre und die Ideen von Liebe, Gehorsam und Sittsamkeit sowie alle anerkannten Formen staatlicher Gewalt als böse Tricks einiger Wüstlinge, mit denen sie die Menschheit beherrschen."[26] So mag de Sade zwar in den ersten der insgesamt drei verschiedenen Versionen[27] der fiktiven Lebensgeschichte der Schwestern Justine und Juliette schreiben, dass wahres Glück nur in der Tugend zu finden sei[28], doch spielt er hier mit dem Stilmittel der Ironie, denn die Tugend lässt er eindeutig scheitern; er will nicht zur Tugend bekehren, sondern sie als nutzlos und gefährlich demaskieren.

---

[23] Friedrich, Sabine: Die Imagination des Bösen. Tübingen 1998. S. 105.

[24] Köster, Thomas. „Sade, Donatien Alphonse François, Marquis de." Microsoft® Encarta® 2007.

[25] Sade, D. A. F.: Justine und Juliette VI. St. Zweifel und M. Pfister (Hrsg.). München 1995. S. 221.

[26] Lutz, Bernd (Hrsg.): Metzler Philosophen Lexikon. Stuttgart 2003. S. 625.

[27] Vgl. Friedrich, Sabine: Die Imagination des Bösen. Tübingen 1998. S. 110.

[28] Vgl. Gear, Normen: Dämon Marquis de Sade. München 1964. S. 203.

In einem Brief an Mademoiselle de Rousset schreibt er im Jahre 1782: „Du willst, daß die ganze Welt tugendhaft sei, und begreifst nicht, daß in dem Augenblick, wo es nur Tugend auf Erden gäbe, alles vergehen müsste". Das Laster ist somit für das Bestehen der Welt notwendig und „dem Menschen am zuträglichsten". [29]

Menschliche Freiheit

Mit der Unterwerfung des Menschen unter die Gebote der Tugend, die von der Gesellschaft erlassen worden sind, verzichtet der Mensch nach Sade'scher Auffassung auf seine Individualität und Freiheit. Doch das Böse ist dem Guten überlegen, allein dadurch, da es den Gesetzten der Natur am nächsten kommt, und somit gibt es „nur eine Art und Weise, sich dem Bösen gegenüber zu behaupten; man muß es annehmen"[30], um den menschlichen Freiheitswillen zu stillen. Da nun die Interessen der einzelnen Menschen denen der Gesellschaft fast immer entgegengesetzt sind, kann es so etwas wie einen *volonté génerale* nicht geben.

Doch de Sade gesteht dem Menschen, sollte er sich von künstlichen Konventionen befreien können, keine uneingeschränkte Freiheit zu, sondern versteht sie eher als Illusion, wo doch die Natur für die menschlichen Triebkräfte die bestimmende Kraft ist. Denn „stets hat sie für sich selbst gearbeitet, und wir sind, ohne uns dessen zu versehen, zu hinfälligen Handlangern ihrer leichtlebigen Launen geworden."[31]

Das Freisein gegenüber der Gesellschaft mag folglich möglich sein, nicht aber die Freiheit gegenüber der Natur. Im gleichen Sinn kann auch nur das Verbrechen ein Verbrechen gegenüber der herrschenden Staatsmacht sein, gegenüber der Natur ist es nur Illusion. „Das Verbrechen ist also reiner Schein; in Wirklichkeit gibt es gar keine Verbrechen, keine Möglichkeit, wider die Natur zu freveln, die (...) allzu sehr über uns erhaben ist, als daß sie von uns irgendetwas zu befürchten hätte."[32]

---

[29] Vgl. Sade, Marquis de: Briefe. Gilbert Lely (Hrsg.). Düsseldorf 1962. S. 80.

[30] Beauvoir, Simone de: Soll man de Sade verbrennen? Hamburg 1983. S. 61.

[31] Sade, D. A. F.: Justine und Juliette I. St. Zweifel und M. Pfister (Hrsg.). München 1990. S. 187f.

[32] Sade, D. A. F.: Justine und Juliette V. St. Zweifel und M. Pfister (Hrsg.). München 1994. S. 225.

Wie eine solche libertine Gesellschaft, in der er Starke Gewalt über den Schwächeren besitzt und damit größere Freiheit genießt, beschreibt de Sade in „Die Philosophie im Boudoir". „Sie [die Gesellschaft] funktioniert wie ein Superbordell", in der Mann über Frau und Reich über Arm herrscht. Diese Gesellschaft repräsentiert eine Ansammlung von Individuen in völliger Losgebundenheit, „die ständig notzüchtigen oder genotzüchtigt werden." De Sades Gesellschaftsprinzip funktioniert demnach gemäß eines anarchischen Zusammenlebens triebgesteuerter Menschen, die in völliger Willkür morden, aber auch lieben können. So appelliert er an seine Leser: „O meine Freunde, gehorchen wir diesen Grundsätzen, deren Verwirklichung für uns die Quellen allen menschlichen Glückes sind."[33]

---

[33] Sade, Marquis de: Juliette, in: Lenning, Walter: de Sade. Hamburg 1965. S. 121.

Schlussbetrachtung

In einer Zeit, in der Prostitution institutionalisiert worden ist und die großen Dramen menschlicher Geschichte wie Hiroshima, Auschwitz und ähnliches mehr hinter uns liegen, fällt es schwer, de Sades Philosophie nicht als konstitutiv für die gegenwärtig herrschende Gesellschaftsstruktur zu betrachten. Doch was de Sade schrieb, liest man ungern, ebenso wie der gemeine Bürger nicht jeden Tag vor Augen geführt bekommen möchte, was für Phantasien hinter seinen Triebstrukturen lauern und was in seinem Gesellschaftsbund nicht funktioniert. Das Böse durch vornehmliches Schweigen oder Entsetzen darüber auszurotten, wird wohl der ewige gesellschaftliche Fehlversuch bleiben, denn auch die Moderne entzieht sich dem Bösen, indem sie banalisiert, verschweigt, umschreibt oder leugnet. De Sade entzog sich diesem Phänomen und allein deshalb verdient er es von den Flammen verschont zu bleiben. Ob man ihn nun lesen sollte, bleibt jedem selbst überlassen. Doch will man sich mit dem Bösen befassen, kommt man nicht umhin, Sade zu lesen, denn „man muß immer auf Sade, d. h. auf den natürlichen Menschen zurückgreifen, um das Böse zu erklären."[34]

De Sade zeichnete in seinem Werk inszenierte Horrorwelten, die nicht mehr ganz so utopisch scheinen, vergleicht man sie mit Szenarien tatsächlich Geschehenem. De Sade bemerkte schon zu seiner Zeit gesellschaftskritisch: „Ich erhebe meinen Blick ins Weltenrund und sehe, wie überall das Böse, die Verwüstung und das Verbrechen ihre Gewaltherrschaft ausüben, ich lasse meine Augen hinab zum interessantesten Geschöpf dieser Welt schweifen. Ich sehe, wie auch es gleichfalls von Lastern, Widersprüchen und Schändlichkeiten strotzt."[35]

Dass de Sade seine Philosophie mit dem Medium monotoner pornographischer Darstellungen verband, mag ihm verziehen sein, wenn er es dadurch verstand, umso mehr Augen auf sich gerichtet zu haben. Ohnehin findet man Darstellungen sexueller Handlungen in allen Epochen der Menschheitsgeschichte, weshalb das Entsetzen nur wieder auf ein Verhüllen der

---

[34] Baudelaire, Charles: Journaux intimes, in: Lenning, Walter: de Sade. Hamburg 1965. S. 135.

[35] Sade, D. A. F.: Justine und Juliette VI. St. Zweifel und M. Pfister (Hrsg.). München 1995. S. 222.

dunklen Seite der menschlichen Natur zurückgeführt werden kann und weniger als berechtigt erscheint.

Doch womit de Sade die größte polarisierende Wirkung erreichte, ist seine apologetische Aussage, dass das Böse nichts Verwerfliches darstellt und zu unserer Natur gehört und nichts von uns Abgegrenztes, keine Ausnahmeerscheinung, sondern die Regel ist. So mag de Sade sein Ziel in Stunden trüben Lichts, das durch seine Gitterfenster fiel, tatsächlich, selbst noch 300 Jahre später, verwirklicht zu haben: „Ich werde euch bedeutungsvolle Wahrheiten vorlegen; man wird sie hören, wird darüber nachdenken. Wenn auch nicht alle gefallen werden, so werden doch zumindest einige übrig bleiben; ich werde etwas zur Förderung der Erleuchtung beigetragen haben und werde dessen zufrieden sein.[36]

---

[36] Sade, Marquis de: Philosophie im Boudoir, in: Beauvoir, Simone de: Soll man de Sade verbrennen? Hamburg 1983. S. 42.

Literaturverzeichnis

Primärliteratur

Sade, D. A. F.: Justine und Juliette I. St. Zweifel und M. Pfister (Hrsg.). München 1990.

Sade, D. A. F.: Justine und Juliette V. St. Zweifel und M. Pfister (Hrsg.). München 1994.

Sade, D. A. F.: Justine und Juliette VI. St. Zweifel und M. Pfister (Hrsg.). München 1995.

Sade, Marquis de: Juliette. New York 1968.

Sade, Marquis de: Die hundertzwanzig Tage von Sodom oder Die Schule der Ausschweifungen. Werke 1. Köln 1995.

Sade, Marquis de: Gesammelte Werke. Flensburg 1999.

Sade, Marquis de: Briefe. Gilbert Lely (Hrsg.). Düsseldorf 1962.

Sekundärliteratur

Beauvoir, Simone de: Soll man de Sade verbrennen? Hamburg 1983.

Friedrich, Sabine: Die Imagination des Bösen. Tübingen 1998.

Gear, Normen: Dämon Marquis de Sade. München 1964.

Jean, Raymond: Ein Portrait des Marquis de Sade. München 1990.

Lenning, Walter: de Sade. Hamburg 1965.

Lutz, Bernd (Hrsg.): Metzler Philosophen Lexikon. Stuttgart 2003.

Neiman, Susan: Das Böse denken. Frankfurt am Main 2004.

Rousseau, Jean-Jacques: Preisschriften und Erziehungsplan. Bad Heilbrunn 1993.

Weiske, Johannes: Allgemeines dt. Conversations-Lexicon für die Gebildeten eines jeden Standes. Bd. 6. Leipzig 1837.

Andere Medien

Microsoft® Encarta® 2007 [DVD]. Ein elektronisches Nachschlagewerk.

Andrea Franz (2006): Der Glücksbegriff im Sadeschen Werk

„Ich bin herrschsüchtig, jähzornig,

heißblütig,

extrem in allem,

von einer beispiellosen Zügellosigkeit der Phantasie

und der Lebensführung,

Atheist bis zum Fanatismus,

mit einem Wort,

so bin ich,

und noch einmal, tötet mich oder nehmt mich, wie ich bin,

denn ändern werdet ihr mich nicht."

Der göttliche Dämon Marquis de Sade

Was der Leser erwarten darf

Marquis de Sades' literarisches Werk wird im Folgenden nicht auf „Analverkehr" reduziert. Vielmehr soll das Interesse des Lesers an der Welt des Marquis und seinen Schriften geweckt werden – eine Welt der Omnipotenzphantasie und Libertinage, die durch präzise historische Kenntnisse vergangener und gegenwärtiger Zeiten, philosophiegeschichtliche Abhandlungen und gesellschaftliche Denkansätze überrascht, eben weil man dieses breit gefächerte Wissen im Sadeschen Werk nicht vermutet. Er bietet doch weitaus mehr, als dass man ihn auf niedrige Beweggründe kürzen könne: Neben zahlreich sich wiederholenden Orgien lassen sich hingebungsvolle Oden auf die Philosophie, Freiheit, Libertinage oder gar das Glück finden.

Der Leser wird enttäuscht sein, wenn er erwartet, dass ich ihm mitteilen werde, ob de Sade unter den Schlagwörtern „göttlich" oder „dämonisch" einzuordnen ist. Das wird ihm selbst überlassen. Was ich anbieten möchte, ist ein Einblick in seine Biografie mit folgender Abhandlung über die Verbreitung und Zensuren seiner Werke. Die Darstellung der bisher erschienen Werke derer, die sich anmaßen, über den Marquis zu publizieren, wird angereiht. Weiter darf man eine Ausführung des Glücksbegriffes im Sadeschen Werk erwarten. Hierfür dient der Doppelroman „La Novelle Justine ou les malheurs de la vertu, suivie de l'histoire de Juliette, sa Seoeur" in zehnbändiger Jubiläumsausgabe als Exempel. Die Kernaussage des Sadeschen Werkes über Glück ist: Die Tugend ist glücklos und das Laster macht glücklich: „Der Nachgeschmack der Tugend ist viel bitterer als derjenige des Verbrechens."[37] Mittels verschiedener Textauszüge wird der Glücksbegriff hergeleitet und später auf das Wesentliche zusammengefasst. An dieser Stelle wird die Frage „Ist Juliette ein Libertin?" erörtert. Im Anschluss folgt die Auseinandersetzung mit verschiedenen Vorwürfen, derer sich der Marquis nicht mehr erwehren konnte. Abschließend wird der Begriff „Sadismus" auf das Sadesche Werk hin geprüft. Das Ziel der vorliegenden Arbeit besteht darin, dem Leser zu vermitteln, dass de Sade weder ein „homo universale" noch ein billiger Pornograph war, sondern ein Kind seiner Zeit. Dabei spielt das Verständnis von Glück durchaus eine Rolle: Die

---

[37] Marquis de Sade: Justine und Juliette, Band VII, S. 32.

Zeit der Aufklärung stellte viele Forderungen. Neue Grundsätze und Gedankengebäude trafen auf alte Traditionen. De Sade kämpfte gegen die verklärten Tugenden seiner Zeit an, indem er eine extreme Rationalität und Libertinage offen legte. Für diese Extreme stehen jeweils Justine und Juliette.

DE Sade – ein Kind seiner Zeit

Bevor wir gemeinsam in die Welt unendlicher Libertinage (Glücks) eindringen, soll an dieser Stelle ein kurzer Einblick in die Eckpfeiler des Lebens des Marquis gegeben werden. Auf eine umfassende Nachzeichnung seiner Biografie wird verzichtet, unter anderem weil sich die Forschung oftmals uneins ist. Zudem käme es zu einer ermüdenden und völlig überflüssigen Aneinanderreihung von Daten. Schließlich hat es weder Sinn noch Zweck, den Leser anzuöden.

„liberté, égalité, fraternité" vs. „Rechtlosigkeit, notorische Verschwendungssucht, Sittenverfall" (Forderung vs. Tatsache)

Das Frankreich des 18. Jahrhunderts präsentierte sich der Welt voller Zwiespalt. In dieser erblickte Donatien Alphonse François de Sade am 2. Juni 1740 als zweites Kind des Grafen Jean Baptiste Joseph François und seiner Frau Maria Elèonore in Paris das Licht der Welt. Im vorrevolutionären Frankreich aufgewachsen, genoss er sowohl eine umfassende humanistische als auch militärische Ausbildung. Schon als junger Mann nahm er im Januar 1757 am siebenjährigen Krieg in Deutschland teil. Es ist wohl hinlänglich bekannt, dass er den Großteil seines Lebens in verschiedenen Haft- und Nervenanstalten (27 Jahre in 11 Anstalten) verbrachte. Das lag einerseits an seinen Ausschweifungen und andererseits anlässlich seiner anstößigen und antiklerikalen Schriften. Dennoch folgte den mehrfach ausgesprochenen Todesurteilen nicht die Guillotine. Er starb am 2. Dezember 1814 im hohen Alter von 74 Jahren um 10:00 Uhr in der Nervenheilanstalt Charenton (heute zu Saint-Maurice, Department Val-de-Marne) bei Paris – im selben Jahr noch musste Napoleon abdanken. Jener, der den Marquis unverheiratet und kinderlos wägt, irrt. Aus der Ehe mit Renée-Pléagie de Montreuil, die am 17. Mai 1763 geschlossen wurde, gingen zwei Söhne, Louis-Marie (*27.08.1767) und Donatien-Claude-Armand (*27.06.1769), sowie eine Tochter, Madeleine-Laure (*17.04.1771), hervor.

De Sade durchlebte drei verschiedene Epochen: das Ancien Règime, die Französische Revolution (1789-1799) und die Napoleonische Ära (1799-1815). Diese Trias beschreibt – historisch gesehen – die Gesellschaft des Umschwungs, deren Einfluss auf de Sade unbezweifelbar wirkte. Den überwiegenden Teil seiner Werke erdachte er in der Abgeschiedenheit seiner Kerker – wie beispielsweise „Dialogue entre un prêtre et un moribond" 1782, „Les Cent-vingt Journées de Sodom ou l'Ecole du libertinage" 1785, „Justine ou les malheurs de la vertu" 1791, „Aline et Valcour" 1793, „La Philosophie dans le Boudoir" 1795 und schließlich der Doppelroman „La Novelle Justine ou les malheurs de la vertu, suivie de l'histoire de Juliette, sa Seoeur" 1797. „Man kann sagen, dass seine Werke im Gefängnis concipiert, in der Revolution ausgeführt und nach den äußeren Eindrücken derselben verändert wurden."[38] Das Schriftgut de Sades´ wurde und wird über die Zeiten hinweg gehasst, verdammt und vergöttert.

---

[38]Bloch, Iwan: Sade und seine Zeit, S. 331.

„Ja, durch die Polizei werden sie am meisten verbreitet."

Schon zu Lebzeiten stritt der Marquis die Autorenschaft verschiedener Werke ab, was daran liegt, dass er wiederholt angeklagt wurde und seine Worte im Gefängnis abbüßen musste. Bis zuletzt beharrte Napoleon auf das Verbot der Sadeschen Schriften, so verbot er beispielsweise bereits 1801 „La Philosophie dans le Boudoir". Nicht genug, dass die französische Gesellschaft des 18. Jahrhunderts vehement den selbsternannten Libertin verfolgte, so wurde er in verschiedenen europäischen Staaten posthum bis in die jüngste Zeit durch Übersetzungsverbote und Zensur gedemütigt. Der Zensur, aber vor allem der negativen „Publicity", ist die immerwährende Neugier am Sadeschen Werk zu verdanken. Zu Beginn der 50er Jahre wurde für eine Edition de Sades´ eine horrende Geldstrafe verhängt, 1964 wurde in Österreich gegen die Herausgeber der „La Philosophie dans le Boudoir" ein Ermittlungsverfahren geführt, mit dem Resultat, dass das Werk nur beschränkt verbreitet werden darf. In den 80er Jahren verklagte das Athener Gericht die Übersetzer und Herausgeber der „La Philosophie dans le Boudoir" zu einer Geldstrafe.[39] Das zeigt deutlich, dass de Sade noch heute stigmatisiert wird, lange nachdem die Aufklärung als abgeschlossen gilt. Es zwingt sich unweigerlich die Frage auf, ob das gegenwärtige Europa noch immer nicht aufgeklärt genug ist, um de Sades´ Schriften schlichtweg ruhen zu lassen. „Habe Mut dich deines Verstandes zu bedienen!"[40] – dieser ausschlaggebende Satz der Aufklärung von Immanuel Kant wird durch die wiederholten Zensuren des Sadeschen Werkes in der Gegenwart relativiert. Das heißt, die Jurisprudenz versucht mit ihren Verboten dem Menschen de facto den Verstand in Abrede zu stellen, mit dem literarischen Werk des Marquis de Sade umgehen zu können. Bis ins 20. Jahrhundert hat de Sade noch keinen vernünftigen Zugang in die höhere schulische oder gar universitäre Ausbildung gefunden – geschweige denn in die Gesellschaft. Zu selten wird die Person des Marquis selbst oder gar seine Literatur rational thematisiert. Wo doch durch die ewigliche Stigmatisierung Erklärungsbedarf zu herrschen scheint!

Allerdings muss entschieden gesagt werden, dass der Zugang zu de Sade trotz der Zensurversuche stets gewährleistet war und ist. Die Aufarbeitung de Sades

---

[39] Marquis de Sade: Der Henker und sein Opfer, S. 12f.

[40] Kant, Immanuel: Was ist Aufklärung? Aufsatz zur Geschichte und Philosophie, Zehbe, J. (Hg.), Göttingen, 4 Aufl., 1994.

findet parallel statt. So zwiespältig das sein mag, ist aber auch die Literatur über Marquis de Sade selbst diskrepant. Was bislang über Leben und Werk de Sades publiziert wurde, lässt sich grob in Befürworter und Gegner zweiteilen – meinungslose Schreiber sucht man beinahe vergeblich. Man findet unter dem Stichwort „de Sade" Unmengen beschriebenen Papiers, was wiederum die Forschung über den Marquis deutlich erschwert. Dringt man erst einmal durch eine Vielzahl von Biographien, die trotz wechselnder Autoren nur als Duplikat voneinander erscheinen, stößt man auf zahlreiche Emanzipationsschriften – gilt de Sade doch in der einschlägigen Literatur als unverschämt frauenfeindlich.

Doch wie kann man sein Werk ausschließlich auf Frauenfeindlichkeit reduzieren, wenn es dem Marquis doch gleich war, an welchem der Geschlechter er sich in seinen Werken vergreift? Zudem schuf de Sade nicht ausschließlich negative Frauenbilder – Juliette ist der Beweis. Sie wählt ihr Schicksal und wird nicht zum Opfer – was durch die Erarbeitung noch deutlicht wird. Unter der zahlreichen Sekundärliteratur ist Iwan Bloch (Synonym: Eugen Dürer) deutlich hervorzuheben. Sein Werk „De Sade und seine Zeit" aus dem frühen 19. Jahrhundert ist eine Mischung aus der Biografie de Sades und dem sozio-historischen Hintergrund im 18. Jahrhundert. Der Autor ist allerdings Sexualforscher, was im Werk kaum spürbar ist: Er bietet ein umfassendes und wissenschaftliches Werk an. Bei de Sade rückt man zudem in der Forschung meist den nach ihm benannten Sadismus in den Vordergrund, hervorgerufen durch die nie zuvor in solchem Umfang publizierten Ausschweifungen und Abartigkeiten in seinen Werken. Doch überliefert er letztlich sehr detailreich die Sittengeschichte Frankreichs im 18. Jahrhunderts. Durch die unbarmherzige Analyse der menschlichen Boshaftigkeit wurde der Marquis zum „Vater" der Schwarzen Romantik empor gehoben. Das lässt den Schluss zu, dass D. A. F. de Sade noch in der Gegenwart so umstritten ist wie zu seinen Lebzeiten.

Der Glücksbegriff im Sadeschen Werk

„Wenn wir, erfüllt von nichtiger, belachenswürdiger und abergläubischer Bewunderung für unsere widersinnischen gesellschaftlichen Gepflogenheiten, dennoch in nichts als Dornen greifen, während die Schurken Rosenblüten pflücken, rechnen sich dann die aus Überzeugung, Vorliebe oder Veranlagung naturgemäß lasterhaften Menschen nicht aus, daß es allem Vermuten nach vorteilhafter sei, sich vom Laster mitreisen zu lassen, als sich ihm zu widersetzen? Behaupten sie nicht, und zwar mit einigem Anschein von Vernünftigkeit, daß die Tugend, so schön sie auch sein möge, gleichwohl die schlechteste Wahl darstelle, die man treffen könne, wenn sie sich als zu schwach erweise, den Kampf gegen das Laster auszufechten, und daß es, in einem durch und durch durchlasterten wie dem gegenwärtigen, am sichersten sei, es den anderen gleichzutun? Erklären die, wenn man so will, philosophisch ein bißchen besser Bewanderten nicht mit dem Engel JESRAD und ZADIG, daß es kein Übel gäbe, aus dem nicht etwas Gutes entstehen könne, und daß sie sich infolgedessen nach Belieben dem Bösen hingeben dürften, da dieses in Tat und Wahrheit nur eine Spielart des Guten sei? Fügen sie nicht noch mit einiger Stichhaltigkeit hinzu, daß es dem allumfassenden Plan der Natur gleichviel gelte, ob dieser oder jener vornehmlich gut oder böse sein; daß es, solange die Tugend vom Unglück verfolgt, das Verbrechen aber vom Erfolg gekrönt werde und beide in den Augen der Natur gleichwertig seien, unendlich viel scharfsinniger wäre, sich auf die Seite der schicksalsgesegneten Schurken zu schlagen als auf jene der stets scheiternden Schüler der Tugend?

Es sei nicht länger verhehlt, daß wir, um ebendiese Lehrgebäude weiter zu untermauern, der Öffentlichkeit die Geschichte der tugendhaften Justine vorführen werden. Es ist unerlässlich, daß die einfältigen Toren endlich davon ablassen, dieses lächerliche Götzenbild der Tugend zu beweihräuchern, die ihnen dies bislang nur mit Undank vergolten hat, und daß sich die gemeinhin aus Überzeugung all den aufreizenden Ausschweifungen des Lasters und der Wollust frönenden Leute von Geist durch die augenfälligen Beispiele von Glück und Wohlergehen bestätigt sehen, von denen sie nahezu unvermeidlich auf dem überbordenden Lebensweg ihrer Wahl begleitet werden.[...] Solcherart ist die Gesinnung, die unsere Arbeit leiten wird; in Ansehung dieser Beweggründe werden wir die kynischste Sprache mit den rücksichtslosesten und gewagtesten Lehrsätzen, mit den lasterhaftesten und lächerlichsten Anschauungen verknüpfen und mit beherztem Wagemut das Verbrechen wirklichkeitsgetreu beschreiben: erhaben in nie abbrechendem Siegesrausch und zufrieden in ewiger Glückseligkeit; gleicherweise aber werden wir die Tugend so darstellen, wie man sie erblickt: allenthalben verdrossen, verhärmt und selbst in ihrem Unglück stets besserwisserisch."[41]

---

[41] Marquis de Sade: Justine und Juliette, Band I, S. 51-53.

„Justine, du Dummerchen; du bist zwar schöner als ich, wirst aber niemals ebenso glücklich werden."

Durch ein Unglück werden die Schwestern Justine und Juliette unerwartet Vollwaisen. Um ihr Vermögen betrogen, können sie in dem Kloster, indem sie bisher erzogen wurden, nicht mehr bleiben. Vor die Tür gesetzt, müssen sie sich neu orientieren und ihre Wege trennen sich – der einen Glück soll der anderen Leid sein. Justine, die jüngere der Schwestern, ist die einfältigere. Zwar anziehender als ihre Schwester ist sie jedoch von Natur aus schwermütig. So erfasst sie die ganze Grausamkeit ihres Loses tiefer. Juliette hingegen ist lebhaft, gar leichtsinnig. Nicht minder hübsch, doch boshaft und mutwillig. Die plötzlich verlassene Justine verstrickt sich bei dem Versuch, ein tugendhaftes Leben zu führen, zunehmend in eine Welt voll Laster und Verbrechen. Ihre Unschuld und Aufrichtigkeit ziehen das Böse geradezu magisch an und lösen Episoden von wüsten Ausschweifungen und Gewalt aus. Nach einem Leben unter Räubern, Mördern und gewissenlosen Klerikern muss die beharrlich an der Unverdorbenheit festhaltende Justine erkennen, dass die Sittsamkeit stets bestraft, das Laster hingegen belohnt wird. Justines „Leidensweg" wird in den ersten vier Bänden erzählt. In zahlreichen Episoden sprechen die verschiedenen Protagonisten über Glück und darüber was sie darunter verstehen.

Schon zu Beginn von Justines Reise wird ihr das Laster zu Füßen gelegt. Man erklärt ihr, dass das wahre Glück sich in (verborgener) Wollust und Ausschweifung wieder findet.

> „Diejenige unter uns, die sittsam lebt, aber im Ruf einer Dirne steht, ist weitaus weniger glücklich als jene, die sich allen Ausschweifungen der Wollust hinwirft und dabei dennoch das Ansehen einer ehrbaren Dame wahrt: denn, ich sage es noch einmal, man wird nicht froh, wenn man seinen Sinnen zugunsten der Sittsamkeit entsagt; durch solchen Selbstzwang erlangt man mit Sicherheit nicht die Seligkeit. Was zum wahren Glück führt, ist also lediglich der Anschein dieser Sittsamkeit, zu der die lächerlichen Vorurteile der Männer unser Geschlecht verdammt haben."[42]

Es wird von vornherein aus deutlich gemacht, dass die Tugend, nach der Justine strebt, nicht von Glück ist. Den wahren Anhänger der Libertinage lässt er Folgendes ausrufen:

---

[42] Marquis de Sade: Justine und Juliette, Band I, S. 68.

„Ich bin eine Hure wie Messalina; man hält mich für keusch wie Lukrezia: Atheistin wie Vanini; man glaubt mich fromm wie die heilige Theresa: doppelzüngig wie Tiberius; man hält mich für wahrheitsliebend wie Sokrates: für genügsam wie Diogenes; aber Apicius war nicht maßloser als ich. Ich vergöttere, mit einem Wort, alle Laster; verachte alle Tugenden."[43]

De Sade bedient sich auffallend ausdrucksstarker Wörter: „vergöttern" und „hassen". Das schließt jeden Zweifel aus, etwas Gutes an der Tugend zu finden. Er verleiht der Aussage zudem durch den Vergleich mit Charaktereigenschaften berühmter Persönlichkeiten Nachdruck. In der Abhandlung über das Glück und anderer Gespräche besteht ein deutlicher Unterschied zur übrigen Handlungsbeschreibung. Die plumpen, sich wiederholenden Ausschweifungen lassen den Leser stets an die Grenzen der Übersättigung stoßen. Es scheint fast, als sei sich der Marquis dessen bewusst gewesen. So folgt einer endlos scheinenden Orgie die Erörterung eines glückreichen Lebens:

„Aber das glückliche und siegreiche Verbrechen lächelt über die Verwünschungen des Unglücks; seine Erfolge erkühnen es, und die niederprasselnden Beschimpfungen beschleunigen lediglich seinen schnellen Lauf. Derlei heimtückische Vorgaukelungen lassen den Menschen in der Schwebe zwischen Tugend und Lastern und treiben ihn doch meist in die Arme des Lasters, da ihm dort erfahrungsgemäß allenthalben das Glück winkt."[44]

„Ich, für meinen Teil, kenne nur eine [Moral], mein Kind: die, glücklich zu werden, ganz gleich auf wessen Kosten; sich selbst nichts von alledem zu verwehren, was unser Glück hienieden mehren könnte, auch wenn es hiezu unabdingbar wäre, dasjenige der anderen zu beeinträchtigen, zu zerstören, ja vollständig zu vernichten."[45]

Das Ziel des Libertins liegt folglich darin, glücklich zu werden. Dieses Ziel wird derart bedingungslos verfolgt, dass jedes Mittel recht ist – bis hin zum „vernichtenden" Mord. Ergo ist das Verbrechen ein völlig legitimer Weg um glücklich zu werden:

„Ich habe es dir oft gesagt, das Aushecken oder Ausführen eines Verbrechens sind die unfehlbarsten Mittel, das Glück anzulocken; denn dieses ist nur mehr von den Missetätern gepachtet."[46]

---

[43] Marquis de Sade: Justine und Juliette, Band I, S. 68.; Zu diesem Zitat gibt es verschiedene Übersetzungen aus dem Französischem. So heißt es in einer anderen Ausgabe der Justine: „Ein Freigeist wie Vanini".

[44] Marquis de Sade: Justine und Juliette, Band I, S. 77.

[45] Marquis de Sade: Justine und Juliette, Band I, S. 175.

[46] Marquis de Sade: Justine und Juliette, Band I, S. 199.

„Diese Lobespreisungen, meine teure Tochter, erwiderte der Mönch, wären meiner Glückseligkeit in keiner Hinsicht zuträglich; das Vergnügen jedoch, Sie hier meiner Wollust zu unterwerfen, steigert diese Glückseligkeit ins Unermeßliche!"[47]

Justine zu unterwerfen steigert das Verlangen des Libertins. Die Demütigung steigert sein Glücksgefühl. Daraus kann man schließen, dass der Vergleich zwischen Opfer und Täter das Glück befördert. Umgekehrt: Wenn das Opfer Lust empfinden sollte, ist alles Glück des Libertin zunichte gemacht.

„Der Mißbrauch der allerbesten Dinge kann fährnisreich werden; doch im Falle meiner Sittenlehre ist selbst der Mißbrauch noch ein Gut; und je öfter sie ein weiser Mann befolgt, um so eher bürge ich ihm für seine Glückseligkeit, denn Glückseligkeit liegt nur in Tätigsein, und tätig ist einzig das Verbrechen: die Tugend, als ein Zustand der Untätigkeit und der Ruhe, kann nie und nimmer zur Glückseligkeit führen." [48]

Kernaussage ist, dass die Glückseligkeit im Verbrechen liegt. Das beschreibt de Sade mit „tätig sein". Die Tugend hingegen ist „untätig". Unter Tätigkeit kann die Fähigkeit sich zu entwickeln verstanden werden. Sozusagen: Fortschreiten. Die Tugend bedeutet Stillstand – sie entwickelt sich nicht weiter.

„Denn was ist ein Verbrechen? Jene Handlung, die uns die anderen Menschen untertan macht und uns somit unweigerlich über sie erhebt; jene Handlung, dank der wir über Leben und Schicksal der anderen gebieten und dank der die von uns genossenen Glückseligkeit noch durch diejenige des hingeopferten Geschöpfs gesteigert wird."[49]

Das Verbrechen ist quasi die Herrschaft über Menschen. Und ohne Opfer würde das System der Libertinage nicht existieren können. Es muss folglich immer Opfer und Täter geben. Die libertine Gesellschaft kann somit nur durch andere Menschen existieren.

„Doch es würde meine Lust schmälern, wenn es nicht auf Kosten anderer gänge, wenn ich die anderen für ebenso glücklich hielte wie mich; zur Krönung meiner Seligkeit ist es unabdingbar, daß ich mich für das einzige glückliche Wesen auf Erden halten kann…glücklich, indes alle Welt leidet: jedes wollüstig veranlagte Wesen spürt, wie angenehm es ist, eine bevorzugte Stellung einzunehmen. Sobald ich lediglich einen Bruchteil der gesamten Glückseligkeit besitze, bin ich ein Jedermann; vermag ich hingegen sämtliche Anteile in meiner Hand zu vereinen, so bin ich unstreitig glücklicher als alle anderen. Einmal angenommen, es sind in einer zehnköpfigen Gruppe zehn Teile Glückes vorhanden, so sind all ihre Mitglieder gleich, und es kann sich folglich niemand damit brüsten, vom Glück stärker begünstigt zu sein als die anderen: sollte es jedoch einem einzelnen aus dieser Gruppe glücken, die neun anderen ihrer Glücksanteile zu

---

[47]Marquis de Sade: Justine und Juliette, Band II, S. 113.

[48]Marquis de Sade: Justine und Juliette, Band II, S. 180.

[49]Marquis de Sade: Justine und Juliette, Band III, S. 155.

berauben, um sie in seiner Hand zu vereinen, so genösse er ungezweifelt wahres Glück; denn nun kann er Vergleiche anstellen, die er vorher unmöglich ins Auge fassen konnte. Das Glück wohnt nämlich nicht diesem oder jenem Seelenzustand inne; es besteht einzig und allein im Vergleichen des eigenen Zustandes mit demjenigen der anderen: und was für Vergleiche können noch angestellt werden, wenn wir alle gleich sind? [...] und wenn mein Glück lediglich auf dem Unglück der anderen fußt, so deshalb, weil mir deren Unglück als das einzige Reizmittel gilt, das meine Nerven nachhaltig aufrüttelt und, je nach Maßgabe der Wucht solcher Erschütterungen, die in ihren Bahnen kreisenden Atomströme rascher oder weniger rasch in Wollust wandelt. Grundsätzlich entspringen in diesem Zusammenhang alle Irrmeinungen der Menschen einem falsch verstandenen Glücksbegriff. Damit sollte man nämlich keineswegs einen Zustand bezeichnen, der bei allen Menschen auf die gleiche Weise zustandekommt; die näheren Umstände seines Zustandekommens wechseln von Mensch zu Mensch, was wiederum vom jeweiligen Körperbau abhängt. Wie grundlegend diese Wahrheit ist, zeigt sich etwa darin, daß gewisse Seelen für Verlockungen von Reichtum und Wollust unempfänglich sind, obwohl diese für gewöhnlich unsere Glückseligkeit auszumachen scheinen; und daß Drangsal, Seelenwundheit, Trübsal, Bekümmernis, die aller Welt zu mißfallen scheinen, gleichwohl ihre Liebhaber finden."[50]

An dieser Stelle wird wiederholt, aber noch deutlicher, dass das Glück im Vergleich liegt.

„Justine hätte sich an dieser Stelle daran erinnern müssen, daß ihr die Tugend noch nie Glück gebracht, ganz gleich, ob sie deren Gebote befolgte oder nur deren Sprache im Munde führte."[51]

Justine erkennt bisweilen nicht, dass die Tugend glücklos ist. Das bedeutet, dass sie nicht aus ihrer Erfahrung lernt. Es findet keine Erkenntnis oder Entwicklung statt – Justine hält vehement an der Tugend fest. Sie ist, wie schon erarbeitet, nicht tätig. Sie zum Laster zu überreden, scheitert gänzlich:

„So stand es also um jenes jüngste Lehrstück, das die Vorsehung Justine vor Augen führte; dies also war ihr jüngster Versuch, Justine davon zu überzeugen, daß das Verbrechen alles Wohlergehen, die Tugend aber alles Missgeschick gepachtet hatte."[52]

„-Oh Gott! seufzte Justine, stets vor der Wahl zwischen Laster und Tugend gestellt, öffnet sich mir der Pfad zur Glückseligkeit also immer nur dann, wenn ich mich Schandtaten hingebe!"[53]

Justine stellt erst am Ende ihrer Reise fest, dass einzig das Laster zum Glück führt. Dennoch entscheidet sie sich für die Tugend. Sie wählt das Unglück. De

---

[50]Marquis de Sade: Justine und Juliette, Band III, S. 156ff.

[51]Marquis de Sade: Justine und Juliette, Band IV, S. 96.

[52]Marquis de Sade: Justine und Juliette, Band IV, S. 175f.

[53]Marquis de Sade: Justine und Juliette, Band IV, S. 278.

Sade stellt in seiner Erzählung der Justine deutlich heraus, dass sie stets die Wahl hatte. Aber er lässt auch an keiner Stelle einen Zweifel offen, dass die Entscheidung zu Gunsten der Tugend die schlechtere Wahl ist. Dem Leser wird damit suggeriert, dass die tugendhafte Lebensweise die dümmere sei. Sie ist weder lehrreich noch bringt sie Glück. Die wahre Erkenntnis liegt im Laster. Und diesen Siegeszug kann der Leser in den folgenden sechs Bänden miterleben. Er begleitet Juliette auf ihrem Weg in ein glückreiches Leben.

„Der Mensch besteht also nur aus Lastern; einzig das Laster bildet demnach den wahren Kern seiner Natur und seines Körperbaus; wenn er sein Wohl über dasjenige der anderen stellt, ist er lasterhaft; aber auch im Schoße der Tugend ist er lasterhaft, da sich ebendiese Tugend, diese Verdrängung seiner Leidenschaften, lediglich als eine Regung des Eigenstolzes oder als der Wunsch entpuppt, sein Maß Glückseligkeit auf geruhsamere Weise einzuheimsen, als ihm dies auf dem Pfad des Verbrechens möglich wäre; doch stets hat er nur sein eigenes Glück im Blick und kümmert sich um nichts anderes; es wäre vollkommen kopfstößig, zu behaupten, es gebe eine selbstlose Tugend, deren Ziel darin bestünde, ohne jeden Hintergedanken Gutes zu wirken; eine solche Tugend ist nämlich ein Hirngespinst. Ihr könnt davon ausgehen, daß der Mensch nur Tugend übt, weil er einen Gewinn daraus zu schlagen hofft oder einen Dank erwartet; man komme mir nicht mit der natürlichen Veranlagung zur Tugend, denn solche Tugenden sind nicht weniger eigensüchtig als die übrigen, hat doch derjenige, der ihnen frönt, kein anderes Verdienst, als aus vollem Herzen jene Gefühle auszuleben, die ihm am leichtesten fallen. Ihr könnt jede beliebige gute Tat zergliedern, ihr werdet sehen, ob nicht jedes Mal nur der Eigennutz dahintersteckt: der Lasterhafte arbeitet auf dasselbe Ziel hin, jedoch geht er auf weniger verlogene Art und Weise zu Werke, und allein schon deshalb verdient er mehr Achtung; wenn es keine Gesetze gäbe, wäre ihm viel mehr Erfolg beschieden als seinem Gegenspieler; diese Gesetze aber verdienen nur unseren Haß, denn indem sie das Glück des Einzelnen schmälern, um das Wohl der Allgemeinheit zu schützen, bringen sie weit mehr Verlust als Gewinn mit sich. Aus dieser Begriffsbestimmung können Sie nun folgenden Schluß ableiten: wofern die Tugend lediglich eine zweitrangige Regung des Menschen darstellt; wofern seine vordringlichste Regung, solange er auf nichts anderes Rücksicht nimmt, unstreitig im Wunsch besteht, sein glück zu machen, ganz gleich, auf wessen Kosten."[54]

„Das Laster macht weit mehr Menschen selig als die Tugend; somit diene ich dem Gemeinwohl viel angelegentlicher, wenn ich, statt die Tugend zu belohnen, das Laster unterstütze."[55]

Das Laster wird mit dem allgemeinen Wohl gerechtfertigt.

„Denn unsereins weiß, daß das Glück nur in höheren Gefilden zu finden ist; wir versuchen es voller Tatendrang zu erhaschen und treten all die kleinlichen Gesetze, all die

---

[54]Marquis de Sade: Justine und Juliette, Band V, S. 193f.

[55]Marquis de Sade: Justine und Juliette, Band VI, S. 23.

kaltsinnigen Tugenden und schwachsinnigen Religionen dieses Menschenmorasts in den Staub, der offenbar nur dazu da ist, der Natur ein Schandfleck zu sein."[56]

Dem Laster stehen zum einen die Religion und zum anderen die Gesetze im Weg. De Sade spricht sich gegen veraltete Traditionen aus. Denn die widersprächen der Natur selbst. Mit dieser Aussage greift der Marquis die Forderungen seiner Zeit auf: Freiheit. Hier votiert er für eine gesetzlose und religionsfreie Gesellschaft. Er missbraucht die Forderung von Freiheit für die Libertinage. Andererseits wird eine möglichst tyrannische Herrschaft gefordert:

„Dann muß das höchste Maß an Glück also darin bestehen, die Auswirkungen von Herrschsucht und Willkür möglichst schlimm ausfallen zu lassen; hieraus folgt, daß der hartherzigste, wildmütigste, treuloseste und bösartigste Mensch notwendigerweise auch der glücklichste sein wird."[57]

Nicht genug, dass die „Philosophie" des lasterhaften Glücks stetig wiederholt wird. Die Glücksthese gipfelt darin, dass die Tugend verhöhnt wird:

„Es gibt nichts Lachhafteres als den Versuch, das Glück des Menschen auf die Notwendigkeit der Tugend zu gründen."[58]

Folgend wird eines deutlich, was bisher noch nicht erfasst wurde: Der Mensch ist egoistisch. Ohne Selbstsucht lässt sich das einzig wahre Lebensziel, das Glück, nicht erreichen. Es wird aber ausdrücklich unterschieden, dass neben dem Egoismus auch die Selbstachtung rudimentär ist.

„Der Mensch ist dazu geboren, hienieden einzig an seiner eigenen Seligkeit zu werkeln; sämtliche nichtige Bedenken, die dem im Wege stehen, sämtliche Vorurteile, die ein Hemmnis bilden, sollte er in den Staub treten, denn unser Glück hängt gewiß nicht von der Wertschätzung der anderen, sondern von der Meinung ab, die wir von uns selber haben, und solange wir ausschließlich an unserem Wohlergehen arbeiten, werden wir unbesehen der Schliche und Wege, die wir gewählt haben, nie unsere Selbstachtung verlieren."[59]

Am Ende des Doppelromans resümiert de Sade sein Verständnis von Glück. Ironischer Weise lässt er Juliette abschließend erkennen, dass ihre Erlebnisse die Gesellschaft widerspiegeln, doch es gilt, dies nicht auszusprechen. De Sade ist sich der „Schärfe" seines Romans bewusst – ist doch das Skandalon das Sadesche Medium.

---

[56] Marquis de Sade: Justine und Juliette, Band VI, S. 87.

[57] Marquis de Sade: Justine und Juliette, Band VI, S. 135.

[58] Marquis de Sade: Justine und Juliette, Band VII, S. 182.

[59] Marquis de Sade: Justine und Juliette, Band IX, S. 105.

„Auf denn, meine Freunde, es herrsche Freude, bei alledem scheint mir nur die Tugend glücklos zu bleiben: dies würden wir womöglich nicht zu sagen wagen, wenn wir ein Roman abfassten."[60]

Von glück und Unglück – Resümee

Die Handlung des Doppelromans wird durch langatmige, sich wiederholende Tiraden zugunsten des Verbrechens und gegen die Tugend behindert. Die grausamen, pornographischen Anschläge sind oft vorhersehbar. Die Protagonistinnen Justine und Juliette suchen auf ihren Wegen immerzu ihresgleichen. So erstrebt die demütige Justine stets die Tugend (das Gute), wohingegen die haltlose Justine vehement das Laster (das Böse) herbeisehnt. Hierbei vergleicht Alexandra Beilhartz Justine in ihrem Werk „Die Decadence und Sade. Untersuchungen zu erzählenden Texten des französischen fin de siecle" mit dem Typus der „femme fragile". Die zerbrechliche Frau ist dem Libertin stets als Opfer willkommen. Ihr entgegengesetzt vergleicht die Alexandra Beilhartz Juliette mit einer „femme fatale". Eine Frau, die ihren Opfern tödliche Qualen zufügt. Die Erstere wird in einer solchen Konstellation dabei immer Nachteile erleiden. Das einzige, was Justine vom Typus der „femme fragile" unterscheidet, ist der gelegentliche Versuch, ihr Schicksal durch flehen zu mildern, was ironischer Weise Hohn und noch größeres Verlangen in ihren Peinigern hervorruft.[61] „Die Heiligkeit und das Madonnenhafte der femme fragile erhalten eine neue Bedeutungsnuance. Sie steigern den Akt der Schändung ins Unermessliche."[62]

Die verschiedenen Lebenswege der Schwestern sind von Beginn an vorgezeichnet. Das wird dem Leser schon im Titel suggeriert. So werden die Schwestern als tugendhafte Justine und lasterhafte Juliette vorgestellt. Im Handlungsverlauf wird Justine als Unglückselige, des Unglücks Gefährtin, unglückliche Heldin oder gar Unglückskind bezeichnet. Dem gegenüber wird Juliette als Engel, Tribade und zauberhaftes Geschöpf benannt. De Sade vermittelt dem Leser, dass die Tugend auf jedem Weg zum Unglück führt. Es mangelt ihr an Selbstbestimmung. Justine ist antiaufklärerisch – sie lernt nicht aus ihren Erlebnissen. Man kann fast meinen, es ist ein negativer

---

[60]Marquis de Sade: Justine und Juliette, Band X, S. 226f.

[61]Beilhartz, Alexandra: Die Decadence und Sade, S. 150ff.

[62]Beilhartz, Alexandra: Die Decadence und Sade, S. 163.

Bildungsroman, wäre da nicht die Geschichte ihrer älteren Schwester. Das Laster wird mit Wollust, Reichtum und Anerkennung entlohnt. Juliette verkörpert den Siegeszug des Lasters. Mit ihr wird dem Gefühlsmenschen Abrechnung gezollt. „Das Laster ergötzt, die Tugend aber erschöpft."[63] Beide Schwestern sind auf der Suche nach ihrem persönliches Glück.

Zusammenfassend ist Glück in der Sadeschen Literatur etwas Individuelles und Ideales. Das wahre Glück liegt zweifelsfrei im Laster. Das einzige und wahre Lebensziel liegt darin, glücklich zu werden. Dieses Ziel wird derart bedingungslos verfolgt, dass jegliche Mittel (Verbrechen) legitimiert werden. Die Gesellschaft des Glücks formiert sich dabei wie folgt: Das System teilt sich in herrschenden Libertin und unterdrücktem Opfer auf. Davon ausgehend dient die libertine Gesellschaft dem Allgemeinwohl, wenn sie das Verbrechen unterstützt. Die Libertinage benötigt Freiheit – Gesetze und Religion stehen ihr im Weg. Letztlich kann nur der egoistische Libertin, frei von Gewissen und Gefühl, der zielstrebig seinen Weg verfolgt, das Glück finden. Zur erarbeiteten Glücksthese kommt noch Folgendes hinzu: Die Überlegungen ergeben sich zum Einem aus Briefen des Marquis de Sade selbst und zum Anderen aus der Hinterfragung des lasterhaften Glücks. De Sade selbst bezeichnet sich als Libertin. Durch die Jahre der Gefangenschaft spürt er am eigenen Leib Nachstehendes: Das Glück ist in seiner absoluten Form nur in der subjektiven Imagination des Libertins existent. Glück ist darüber hinaus etwas zeitlich begrenztes, dem Schranken durch das Umfeld gesetzt sind. Ein Libertin braucht für sein reales, wenn auch begrenztes Glück, ein Objekt, das er quälen kann. Das absolute Glück kann er sich jedoch nur erdenken, da die Natur ihm Grenzen in der Umsetzung setzt. Das heißt, der Libertin kann sein Opfer zwar quälen, um sich Glücksgefühle zu schaffen, doch nur bis zum Tod desselben. Wenn das Opfer wiederum wehrlos ist, ist ein Vergleich der Qual des Opfers mit der Lust des Libertins nicht mehr möglich. Die Begierde und das Glück sind aber noch nicht absolut. Die Theorie des Glücks ist in der Philosophie de Sades´ die Idee des Bösen, was gemeinhin als Negation des Glücks aufgefasst wird.

Abschließend zur Abhandlung des Glücksbegriffes möchte ich noch folgende Frage erörtern: Ist Juliette ein Libertin? In der Sadeschen Gesellschaft gibt es offenkundig zwei Gattungen von Menschen: Libertin und Opfer. Man könnte meinen, Justine wäre Opfer und Juliette Libertin. Ich glaube jedoch nicht, dass

---

[63] Marquis de Sade: Justine und Juliette, Band X, S. 205.

de Sade, so einfach die Struktur des Romans ist, das vermitteln wollte. Der Doppelroman trifft folgende Kernaussagen: An erster Stelle gilt es, sich für eine Lebensführung zu entscheiden. Das geschieht mit voller Konsequenz. Die Rolle des Opfers ist dabei offensichtlich: Justine ist das Opfer. Wohingegen Juliette meiner Meinung nach nicht eindeutig als Libertin bezeichnet werden kann. Es sprechen folgende Überlegungen dagegen: Die Libertinage ist ein vornehmlich männliches Adelsprivileg. Die Dominanz der Herren stellt sich aus dem Lesen des gesamten Werkes des Marquis heraus. Der wahre Libertin ist stets männlich. Die Rolle der Frau ist dabei marginal, ja nebensächlich (was aber keiner Abwertung gleich kommt).

Juliette stammt weder vom Hochadel noch vom Klerus ab. Denn diesen gehört der „typische" Libertin an. Ich möchte meinen, dass man in den Stand des Libertins hineingeboren wird. Juliette jedoch „arbeitet" sich zunehmend in den Stand hinein. Sie muss wiederholte Male beweisen, dass sie zur Gewalt fähig ist und kein Gewissen hat. Sie benötigt immer einen „Gläubiger", der für sie bürgt, um von der libertinen Gesellschaft akzeptiert zu werden. Stets benötigt sie verbrecherische Referenzen. Ich denke, dass man Juliettes Rolle in der Sadeschen Gesellschaft folgender Maßen beschreiben kann: Sie ist Liebhaberin des Lasters. In eine libertine Gesellschaft fügt sie sich ein. Als Frau sucht sie sich schlichtweg eine Nische. Die Libertins arrangieren sich mit ihr. Sowohl Juliette als auch die Libertins ziehen Nutzen aus der gegenseitigen Verbindung. Aus diesen Überlegungen heraus schließe ich, dass Juliette kein „wahrer" Libertin ist.

„Ich schreibe nur für diejenigen, die fähig sind mich zu verstehen; sie werden mich ohne Gefahr lesen."

„Geschrieben stinkt Scheiße nicht."

Nicht nur die Gesellschaft wurde von der Libertinage erfasst – die französische Literatur des 18. Jahrhundert war dominiert vom Genre der Pornografie. Es nimmt doch Wunder, dass bis zum heutigen Tage die Schandliteratur des revolutionären Frankreich gut und gerne auf de Sade reduziert wird. Es wird zu gerne verschwiegen, dass er kein Einzelfall oder gar Phänomen seiner Zeit war. „Welches Zeitalter hat sich mit obscönen Büchern so beschmutzt wie dieses grosse Jahrhundert?" ruft Jules Janin aus „das sogar Männer wie Voltaire, Rousseau, Diderot, Montesquieu und Mirabeau dem Geschmack der Zeit nachgebend derartige Werke verfassten."[64] Doch so bedingungslos bestialisch wie de Sade seine Marionetten stehlen, morden und vergewaltigen lässt, so grausam wird er selbst verbannt, geschändet und verdammt – bis in die doch so aufgeklärte Gegenwart.

De Sade ist einer der umstrittensten und meist diskutierten französischen Autoren des 18. Jahrhunderts. Sein Werk sucht bis heute an Kälte und Boshaftigkeit seines Gleichen. Er wird weniger deshalb gehasst oder gleichsam vergöttert, weil er getan hat, was zu seiner Zeit die meisten taten. Vielmehr weil er es wagte, darüber zu schreiben und somit die Privatbereiche der elitären und klerikalen Gesellschaft preiszugeben. Die subtile Kritik, die er dadurch an den bestehenden Verhältnissen der Gesellschaft, der Heucheleien der Herrschenden und der Korruption der Scheinheiligkeit des Adels und Klerus seiner Zeit äußert, stößt dabei erheblich mehr auf, als die bloße Gewalt, die er in seinen Werken darstellt. Somit komme ich zu dem Schluss, dass der Marquis als Überlieferer der Sittengeschichte des 18. Jahrhunderts erachtet werden kann. Das führe ich darauf zurück, dass er zum einen explizit Orte benennt. Des Weiteren gibt er seinen Figuren Titel und Namen, die in Frankreich in ähnlicher Kombination bekannt sind, und mögen diese auch fiktiv sein, so sind sie doch geprägt von dem Umfeld de Sades´. Zudem können nur Personen der gehobenen Stände sozialgeschichtlich möglich sein, den Werken de Sades Realität zu verleihen. Libertinage gilt doch in Sadescher Zeit als ein Adelsprivileg. Die Angaben in

---

[64] Bloch, Iwan: Sade und seine Zeit, S. 89.

seinen Werken scheinen zu fundiert, als dass sie allein der Schöpferkraft des Marquis entspringen. So stellt auch Roland Barthes fest, dass die Täter realistische Namen tragen, die Opfer jedoch Theaternamen.[65] Marquis de Sades größtes „Verbrechen" ist deshalb nicht sein schriftstellerisches Werk, sondern mit der Publikation der Verrat an seinem Stand. Aus dem folglich stelle ich die These auf, dass Marquis de Sade nur aus einem Grund während und nach dem Untergang des revolutionären Frankreichs von der Bildfläche zu verschwinden ersucht wurde – weil er es wagte, die intimsten Staatsgeheimnisse auszuplaudern. Er sprach das Unsagbare aus indem er das Unbeschreibbare beschreibt. Der häufig geäußerte Vorwurf, dass de Sade das von ihm Niedergeschriebene auch gelebt habe, kann aus verschiedenen Gründen nicht bestätigt werden. Beispielsweise sind die Ausschweifungen, die de Sade konstruierte, rein physisch unmöglich. (Wenn der Leser nicht sicher sein sollte, kann er um der Überzeugung willen ein empirisches Experiment durchführen.) Weiter noch ist es doch recht schwierig die Jahre der Gefangenschaft de Sades mit den unzählbaren Extravaganzen in Einklang zu bringen. Ich möchte keineswegs den Eindruck erwecken, dass de Sade kein Kind von Traurigkeit sei. Es müssen die Ungereimtheiten zwischen Fakten und Vorwurf genannt werden.

Meiner Meinung nach sollte man mit der Sadeschen Literatur folgendermaßen verfahren: Jener, der de Sades´ Werke wirklich lesen möchte, sollte zu aller erst das Wesentliche aus einem Berg von Müll sondieren. Ich glaube nicht, dass es hilfreich ist, mit der Sekundärliteratur zu beginnen. Zu oft ist diese tendenziös. Es lässt sich kaum vermeiden, beim Lesen der Literatur selbst, das zuvor erfasste Wissen außen vor zu lassen. Zwischen tendenziösen Schriften, verwirrende Aussagen oder gar den Aussagen verschiedener Autoren lassen sich Abweichungen finden. Mit einem Mindestmaß an Verstand wird der Leser im übertragenen Sinne nach Michael Ende handeln: „Nun ist es ja eine bekannte Tatsache, daß Bücher sich oft untereinander spinnefeind sind. Schon bei ganz normalen Büchern wird jeder, der ein klein wenig Feingefühl besitzt *Justine* nicht gerade neben *Heidi* stellen."[66]

---

[65] Barthes, Roland: Das Denken des Marquis de Sade, S. 29.

[66] Ende, Michael: Der Wunschpunsch, S. 196.

„Der Sadismus ist nur der grobe (vulgäre) Inhalt des Sadeschen Textes."

Der Sadismus ist ein feststehender Begriff. Er wird kaum hinterfragt. Es ist bekannt, dass dieser Begriff für einen sexualpathologischen Typus steht. „Der Sadismus ist das abweichende Sexualverhalten, bei dem die Befriedigung des Geschlechtertriebes durch körperliche Misshandlung oder Demütigung des Partners erreicht wird."[67] Diese Definition wurde von Richard Freiherr von Krafft-Ebing populär gemacht.

An dieser Stelle möchte ich erarbeiten, welcher Zusammenhang zwischen dem „Sadismus" und der Person de Sade besteht. Offensichtlich ist, dass der Marquis der Namensgeber, wenn auch selbst ohne Einfluss, des Begriffes ist. Grundsätzlich muss Folgendes bewusst sein: Der „Sadismus" darf nicht mit der Person verwechselt werden, sondern findet sich in dessen literarischen Werk wieder. Wenn de Sade ein so genannter „Sadist" sein sollte, dann nur in seinem Gedankengut (literarischen Werk). Denn aus diesem entspringt der Begriff selbst. Aus diesem Grund muss das Sadesche Schriftgut auf den Sadismusbegriff (wie zitiert) geprüft werden. Die erste Erkenntnis, dass es sich um ein abweichendes Sexualverhalten handele, kann (vorerst) bestätigt werden. (Inwieweit dies abnorm ist, soll nicht infrage gestellt werden.) Dass aber die Befriedigung des Geschlechtstriebes durch körperliche Misshandlung oder Demütigung des Partners erreicht werde, kann nur begrenzt gelten. Zwei Begrifflichkeiten sind hierbei näher zu betrachten: „Befriedigung des Geschlechtstriebes" und „Partner".

Um das Wesen der ersten Wortgruppe zu erfassen, müssen wir den Satz umkehren. Ergo: Durch die körperliche Misshandlung oder Demütigung des Partners wird die Befriedigung des Geschlechtstriebes erreicht. Vornehmlich geschieht dies zweifelsohne im Sadeschen Werk. Aber diese Vorgehensweise im Akt begrenzt sich nicht auf die Befriedigung des Geschlechtstriebes. Wenn der Leser aufmerksam mitverfolgt hat, erkennt er, dass der Libertin (als Hauptakteur in jedweden der Romane) nur vordergründig und situationsbezogen auf die Befriedigung des Geschlechtstriebes abzielt. Jedoch steht vielmehr die Befriedigung seines gesamten Individuums und gleichsam die Begründung seiner Existenz dahinter. Das bedeutet, der „Sadist" begründet sich selbst durch den „Sadismus". Der Libertin kennt keine höhere Bestrebung (höheres Glück),

---

[67]Die Zeit: Lexikon, Band 12, Puy-Scg, S. 496.

als den „Sadismus". Mit allem Handeln strebt er danach. Der Sadismusbegriff muss demnach von der Befriedigung des Geschlechtstriebes auf die Befriedigung seines Daseins ausgeweitet werden. Aus diesem kann man auch schließen, dass der „Sadismus" kein abweichendes Sexualverhalten ist, sondern vielmehr eine abweichende Lebensführung. Genau diese Erkenntnis gleicht der erarbeiteten Glücksauffassung – das höchste Glück besteht im Laster – das Laster zeigt sich in der Befriedigung unbegrenzter Ausschweifung.

Zur weiteren Klärung müssen wir den Begriff des Partners näher betrachten. In der Sadeschen Literatur gibt es, wie schon erwähnt, zwei Gruppen: den Libertin und das Opfer. Diese können nicht in die Rolle des Anderen übergehen. Der Libertin ist und bleibt zeitlebens Libertin, wie auch umgekehrt das Opfer. Der Begriff der Partnerschaft im herkömmlichen Sinne existiert in der „sadistischen" (Sadeschen) Gesellschaft nicht. Das System der Libertinage kann mit einem (gleichwertigen) Partner nicht funktionieren. Erst durch die Opfergestalt (es darf keine Lust empfinden) kann der Libertin seine Befriedigung im Vergleich finden. Nur durch das Leid des Opfers, was wiederum der Libertin zufügt, kann er seine höchste Befriedigung erlangen. Der Schlüssel liegt also im Vergleich. Und der kann dagegen nur stattfinden, wenn es sich um ein Opfer und nicht um einen Partner handelt. Ergo: Der „Sadismus" muss folgendermaßen beschrieben werden, wenn er auf das Sadesche Werk zurückgeführt wird: Der Sadismus ist die existentielle Befriedigung des Libertins durch Demütigung oder Misshandlung eines Opfers. Dabei kann die Form der Befriedigung in rein sexuellen Praktiken oder gewalttätigen Handlungen (bis hin zu Mord) oder der Kombination beider gefunden werden. Der Libertin (Sadist) kennt keine Grenzen.

Schlusswort

„Ja, ich gestehe, ich bin ein Wüstling; alles was man sich auf diesem Gebiet vorstellen kann, habe ich mir vorgestellt, aber ich habe durchaus nicht alles getan, was ich mir vorgestellt habe, und werde es auch nie tun. Ich bin ein Wüstling, aber ich bin kein Verbrecher und Mörder."[68]

---

[68] 20. Februar 1781 in einem Brief an seine Frau aus dem Gefängnis Vincennes, in: Marquis de Sade: Kurze Schriften, Briefe und Dokumente, S. 592.

Literaturverzeichnis

Deutschsprachige Werksübersicht

Hoffmann, Dieter (Hg.): Marquis de Sade: Der Henker und sein Opfer, Texte der Unterdrückung, Luchterhand, Darmstadt 1983.

Lenning, Walter: Marquis de Sade in Selbstzeugnissen und Bilddokumenten, in: Kusenberg, Kurt (Hg.): Rowohlts Monographien, Hamburg 1965.

Lely, Gilbert (Hg.): Marquis de Sade: Briefe, Fischer Bücherei, Hamburg 1962.

Luckow, Marion (Hg.): Donatien Alphonse Francois Marquis de Sade: Ausgewählte Werke, 3 Bände, Merlin Verlag, Berlin 1962.

Lind, Georg Rudolf (Hg.): D. A. F. Marquis de Sade: Schriften aus der Revolutionszeit (1788 - 1795), Insel Verlag, Frankfurt am Main 1969.

Marquis de Sade: Die Kastanienblüte und andere Erzählungen, Kinder Verlag; München 1964.

Marquis de Sade: Die hundertzwanzig Tage von Sodom oder Die Schule der Ausschweifung, Orbis Verlag (Sonderausgabe), München 1999.

Marquis de Sade: Die Philosophie im Boudoir oder die lasterhaften Lehrmeister, Werke in fünf Bänden, Band 5, Könemann, Köln 1995.

Marquis de Sade: Kurze Schriften, Briefe und Dokumente, Bibliothek de Sade, Merlin Verlag, Gifkendorf 2005.

Pfister, Michael; Zweifel, Stefan (Hg.): D. A. F. de Sade: Justine und Juliette, 10 Bände, Matthes & Seitz, München 1990.

Weiterführende Literatur

Airaksinen, Timo: The Philosophie of the Marquis de Sade, London and New York 1995.

Barthes, Roland: Sade Fourier Loyola, Suhrkamp, Frankfurt am Main 1974.

Barthes, Roland, Damisch, Hubert, Klossowski, Pierre, Sollers, Philippe, Tort, Michel: Das Denken des Marquis de Sade, Fischer Taschenbuch Verlag, Frankfurt am Main 1988.

Bauer, Cerstin: Triumph der Tugend, das dramatische Werk des Marquis de Sade, in: Baum, Richard; Hausmann, Frank-Rutger (Hg.): Abhandlungen zur Sprache und Literatur, Band 68, Romanistischer Verlag, Bonn 1994.

Beilharz, Alexandra: Die Décadence und Sade, Untersuchungen zu erzählenden Texten des französischen Fin de Siécle, Verlag für Wissenschaft und Forschung, Stuttgart 1996.

Blanchot, Maurice: Sade, in: Glaser, Horst Albert (Hg.): Wollüstige Phantasie, Sexualästhetik in der Literatur, Carl Hanser Verlag, München 1974.

Bloch, Iwan: Der Marquis de Sade und seine Zeit, Ein Beitrag zur Kultur- und Sittengeschichte des 18. Jahrhunderts, Verlag Karl Schustek, Hanau am Main 1970.

Camus, Albert: Der Mensch in der Revolte, Rowohlt Verlag, o.O. o. J..

De Beauvoir, Simone: Soll man de Sade verbrennen, Drei Essays zur Moral des Existentialismus, Szczesny Verlag, München 1964.

Dubost, Jean - Pierre: „Der Weg ist nunmehr vorgezeichnet...", Sade und die Französische Revolution, Edition Patricia Schwarz, Stuttgart 1989.

Dubost, Jean – Pierre: Einführung in den letzten Text, Zwei Vorträge, Edition Patricia Schwarz, Galerie Kubinski, Stuttgart 1986. Flake Otto: Marquis de Sade, Mit einem Anhang über Rétif de la Bretonne, Deutscher Taschenbuch Verlag, München 1966.

Dworkin, Andrea: Pornographie, Männer beherrschen Frauen, Emma - Frauenverlag, Köln 1987.

Ende, Michael: Der satanarchäolügenialkohöllische Wunschpunsch, Thienemann, Stuttgart - Wien 1989.

Friedrich, Sabine: Die Imagination des Bösen, Zur narrativen Modellierung der Transgression bei Laclos, Sade und Flaubert, Gunter Narr Verlag Tübingen 1998.

Gear, Norman: Dämon Marquis de Sade, eine Biographie, List Verlag München 1964.

Hoffmann, Dieter: Die Figur des Libertin, Überlegungen zu einer politischen Lektüre de Sades, Campus Verlag, Frankfurt am Main/ New York 1984.

Jauch, Ursula Pia: Damenphilosophie & Männermoral, Von Abbé de Gérard bis Marquis de Sade, Ein Versuch über die lächelnde Vernunft, Passagen Verlag, 2. Aufl. Wien 1990.

Jean, Raymond: Ein Portrait des Marquis de Sade, o. V., München 1990.

Keller – Schumacher, Brigitte: Dialog und Mord, eine Interpretation des „Marat/Sade" von Peter Weiss, Anthenäum Verlag, Frankfurt am Main 1973.

Kleine, Sabine: Zur Ästhetik des Hässlichen, Von Sade bis Pasolini, Verlag J. B. Metzler, Stuttgart/Weimar 1998.

Marcuse, Ludwig: Obszön, Geschichte einer Entrüstung, Diogenes, Zürich 1984.

Meyer, Ronald: Sexualität und Gewalt, Formen der Sexualität und Gewalt in der Fiktion und Biographie des Marquis de Sade, Band 65, Röhrig Universitätsverlag, St. Ingbert 1999.

Praz, Mario: Liebe, Tod und Teufel, Die schwarze Romantik, Deutscher Taschenbuch Verlag, München 1970.

Thomas, Donald: Marquis de Sade, Das skandalöse Leben des „göttlichen" Marquis, Wilhelm Heyne Verlag, München 1990.

Wiegand, Irene: Das Erbe Sades in der Comédie humaine, Verlag J. B. Metzler, Stuttgart/Weimar 1999.

Anhang

Nachweis der Zitate

0. Bildnachweis: Portrait de Sades von Louis-Michel van Loo um 1761; in: Marquis de Sade: Der Henker und sein Opfer, S 9. mit der Unterschrift: „Wir besitzen kein Portrait des Marquis de Sade. Es ist bezeichnend, daß wir von Lautrémont ebenfalls keines besitzen. Das Gesicht dieser zwei fantastischen und revolutionären Schriftsteller, der verzweifeltsten und wagemutigsten, die je existiert haben, versinkt in der Nacht der Geschichte." Paul Eduard 1937.

1. „Ich bin herrschsüchtig, jähzornig, heißblütig, extrem in allem, von einer beispiellosen Zügellosigkeit der Phantasie und der Lebensführung, Atheist bis zum Fanatismus, mit einem Wort, so bin ich, und noch einmal, tötet mich oder nehmt mich, wie ich bin, denn ändern werdet ihr mich nicht."
Aus: De Sade in einem Brief aus dem Gefängnis an seine Frau.

2. „Ja, durch die Polizei werden sie am meisten verbreitet."
Aus: Bloch, Iwan: Sade und seine Zeit, S. 461., dort zitiert nach: J. Janin a. a. O. S. 337.

3. „Justine, du Dummerchen; du bist zwar schöner als ich, wirst aber niemals ebenso glücklich werden."
Aus: Justine und Juliette, Band I, S. 54.

4. „Ich schreibe nur für diejenigen, die fähig sind mich zu verstehen; sie werden mich ohne Gefahr lesen."
Aus: Marquis de Sade: Kurze Schriften, Briefe und Dokumente, S. 665.

5. „Geschrieben stinkt Scheiße nicht."
Aus: Barthes, Roland: Sade Fourier Loyola, S. 156.

6. „Der Sadismus ist nur der grobe (vulgäre) *Inhalt* des Sadeschen Textes."
Aus: Barthes, Roland: Sade Fourier Loyola, S. 193.

Vivian Gjurin (2006): Theorie der Sexualität bei Sade. Überlegungen anhand von "La Philosophie dans le boudoir"

Umgang mit Sade

Wie soll man Sade lesen? Wenn man ihn als pornographischen Autor liest, bringt man sich um die Philosophie, die man in dieser Form der rohen Klarheit nicht bald findet. Wenn man ihn als reinen Philosophen liest, bringt man sich um das Vergnügen der Erregung.[69]

Eine gelungene Lektüre Sades zwingt den Leser die eigenen Konstruktvorstellungen von Sex, Gott und der Welt so weit abzuschalten, dass man die seinigen annehmen kann, und sich somit frei von Angst in Sades Welt bewegen kann.

Es stellt sich die Frage, was denn das neuartig Bedrohende bei Sades Werk ist, wo doch Gilde (Homosexualität mit Minderjährigen), Proust (Masochismus), Cholderlos de Laclos (Les Liasons dangereuses), Diderot (La Religieuse) Tabus in ihrem Werk verwendeten.

Zum Gerichtsverfahren 1956- Staat gegen Jean Jaques Pauvert- Der Fall Sade/ Prozess vom 15. Dezember 1956 vor der 17. Strafkammer in Paris- schreibt Jean Cocteau den Brief:

> Sade ist ein Philosoph und auf seine Weise ein Moralist. Ihn anzugreifen wäre, als wollte man den Jean- Jaques der *Confessions* angreifen. Er ist langweilig, sein stil ist schwach, und er verdankt seinen ganzen Wert den Vorwürfen, die man an ihn richtet. Der unbedeutenste Kriminalroman aus dem prüden Amerika ist verderblicher als die allerkühnste Seite von Sade. Durch eine Verurteilung würde Frankreich sein heiligstes Amt verletzen.[70]

Das Urteil war 80.000 Francs Buße, Verfahrenskosten. Konfiskation sowie Vernichtung der beschlagnahmten Werke.[71]

Sade selber schreibt seinem Werk *Justine und Juliette* voran: *Ich spreche nur zu den Leuten, die fähig sind, mich zu verstehen; diese werden mich ohne Gefahr lesen.* Für den durchschnittlichen Geist, der den latenten Inhalt nicht heraushören kann bzw. nicht bereit ist Gedankenkonstrukte als Gedankenkonstrukte, Bilder als Bilder, Wörter als Wörter zu sehen, das Spiel als

---

[69] Seite 9, Mattheus, Bernd: „Sade, Holbach und die Menschmaschine" in Sades *J.J. IX*

[70] Seite 263, Georges Bataille, André Breton, Jean Cocteau, Jean Paulhan, Jean-Jaques Pauvert und Maurice Garçon: „Der Fall Sade" in Sades *J.J. VII*

[71] Seite 282, ibidem

Spiel und nicht als den Angriff an seine persönliche hart erbaute Lebensordnung, kann es sich bei Sades Texten höchstens um kuriose Monstrositäten handeln.

Das Problem zwischen Geisteswissenschaft und Geisteswissenschafter ist die emotionale Bindung des Menschen an seine Gedanken. Sehr wenige Wissenschaftler sind bereit die Gedanken als ein Spiel zum Zeitvertreib anzusehen, und somit sind sie nicht bereit über ihre persönlichen Gedankenkonstrukte hinauszuspielen. Somit ist Sades Werk eine Bedrohung der persönlichen Ordnung. Im gesellschaftlichen Kontext der Gesellschaftsordnung, ergo muss er verbrannt werden.

Systematische Erklärung der Philosophie Sades nach George Bataille[72]

Sade wurde in eine Epoche hineingeboren, in der eine gefühlsselige Richtung der Philosophie ohne jeden Vorbehalt die Ansicht vertrat, der Mensch sei gut und es genüge, ihn in den Naturzustand zurückzuversetzen, damit sich alles zum Besten wende. Auf diesem Hintergrund reizte es Sade, zum Kontrast den Beweis anzutreten, dass der Mensch böse sei, wobei er dies in allen Einzelheiten und auf jede erdenkliche Weise aufzeigte, indem er diesen Hang zum Bösen als erster in der Sexualität verankerte, was später u. a. Freud annehmen wollte[73].

Sade war der Erste, der postulierte, der Anblick von Tod und Schmerz könne dem Menschen Befriedigung verschaffen. Die Moral wie auch die Vernunft stellen die Regel auf, dies wäre etwas Verwerfliches. Jedoch können wir beobachten, wie die Missachtung dieser Regel in Kriegen und in der Geschichte immer wieder hervorbricht. Wie soll man jetzt die Boshaftigkeit oder die Verwerflichkeit des Menschen ergründen, ohne diesen in solch einem Zustand zu studieren?

Sade sucht als Philosoph in Tun und Treiben der Menschen nach einer Möglichkeit, den Begriff Freiheit Rechtzufertigen. Somit ist er gegen alle Zwänge der Freiheit des Geistes.

Befreiung von der religiösen Zwängen (Vorstellung vom Gott, der Pflichten auferlegt) und von den sozialen, anhand der Sexualität, da diese offensichtlich paradox ist und möglicher weise der wichtigste Antrieb des menschlichen Handelns ist.

Als das beste Staatssystem sieht er die Zeit des Übergangs zwischen einem Modell zum anderen, die Politik der *crise*, also die Anarchie in Reinkultur. Revolutionäre Dauererregung, die permanente Krise der Revolution- *Die Revolution muss der Dauerzustand der Republik sein!*, die Entlassung des Menschen als Individuum in die souveräne Freiheit![74]

---

[72] George Bataille: „Sade und die Moral" in Sades *J.J. VI*

[73] Nimmt Psychoanalyse/Komplexe vor: die Sexualität wird in den Kindesjahren geschmiedet, Schicksal der Psyche wird bestimmt, Neigungen und Kraft bricht später aus.

[74] Stefan Zweifel, Michael Pfister: „Die Hinbrünstigkeit der Aufklärung" in Sades J.J. *VIII*

In der Welt stehen sich zwei Prinzipien gegenüber: dasjenige des Geistes und das der Materie. Es spricht nichts dafür diese mit gut und böse zu bewerten, jedoch tendieren die großen Religionen dazu.

Moral Platons: das Gute ist nicht der Geist, nicht die Idee und auch nicht die Vernunft, es ist die Herrschaft der Vernunft; folglich besteht das Böse in der Tatsache, dass die Vernunft von der Materie oder – auf der Ebene der Sitten übertragen – von den Leidenschaften beherrscht wird. Ergo nimmt das Böse dort seinen Anfang, wo die Leidenschaften die Vernunft beherrschen.

Diametral entgegengesetzt dazu steht ein Prinzip, dem Sade eine packende Form gegeben hat. Sade hielt die Todesstrafe für das Verwerflichste überhaupt, während sein Werk die Apologie des Mordes darstellt.

D. h. in der platonischen Moral liegt das Böse in der Beherrschung der Vernunft durch die Leidenschaft, in der sadeschen in der Beherrschung der Leidenschaft durch die Vernunft.

Das bringt das Dilemma mit sich, in dem wir uns zu jedem Zeitpunkt unseres Lebens befinden, will heißen: ob die Souveränität, das letzte Wort, der Vernunft gehört, die die zukünftige Zeit ins Auge fasst, oder der Leidenschaft, die einzig auf den gegenwärtigen Augenblick ausgerichtet ist.

Im praktischen Leben wird mit der Moral relativ grob umgegangen: Es ist moralisch, es ist gut, sich nützlich zu machen und in Übereinstimmung mit den Gesetzen zu leben, niemals seinen Nächsten zu schaden, bei jeder Gelegenheit seine Pflicht zu tun und so die Achtung Anderer zu erlangen.

Wenn wir etwas Gutes tun, dann hat dies ein Ziel – Rang, Achtung!

Wenn der praktische Nutzen einer *guten* Handlung nicht erkennbar ist- dann ist anzunehmen das man die Göttliche Moral/Vernunft/ergo Gottes Willen befolgt.

Das Gute kann nicht darin bestehen, vernunftmäßig zu handeln, denn die Vernunft verspricht keinen angenehmen Zustand. Außer die Göttliche.

Aber was, wenn Gott tot ist??! Was ist überhaupt Gott ohne die göttliche Moral, ohne die göttliche Vernunft, die das Paradies verspricht? NICHTS!!!!

Das Heilige bzw. das Göttliche war in seinen Anfängen nicht mit der Vernunft gekoppelt. Es war die zügellose Gewalt, die Entfesselung der Leidenschaften, das Opfer, das Massaker, der Energieausbruch! Es ist heilig, weil man es nicht begrenzen, nicht beherrschen kann. Somit muss der Geist stärker als die

Leidenschaft sein, denn ansonsten fängt das Übel, die Unordnung, Katastrophe an! Sades zeigt die hemmungslose Leidenschaft, die keine Schranken, keine Gesetze mehr kennt. Er stellt das Gesetz unter die Herrschaft dieser. Mord, Diebstahl ist nichts Verwerfliches. Weil es kein System von Gut und Böse gibt, sondern von der stärkeren Leidenschaft, die den Sieg über die schwächere davonträgt!

Ergo müssen Menschen versuchen sich *gut* zu verhalten mit dem einzigen Zweck, dass ich andere Menschen gut verhalten, damit alles geordnet weiterfließen kann.

Sex bei Sade

Ist es legitim von dem grausamen Sexspielchen Sadescher Libertins erregt zu sein? Ist es legitim überhaupt Sades Pornographie zu lesen und sie nicht als krank zu empfinden?

Ich würde erwarten, dass ein wissenschaftlichen Diskurs über dieses Thema möglich sein sollte, jedoch wurde es mir gezeigt- an der Romanistik, wie auch an der Philosophie, wie auch bei Menschen mit welchen ich darüber sprechen wollte, dass es sehr bald Grenzen gibt, die fast niemand bereit zu überschreiten ist[75].

Die Frage stellt sich woher diese fixen Ästhetikvorstellungen von Sex kommen, wo doch das *Schöne* nach Kant eine subjektive Norm, abhängig von Hier und Jetzt ist. Dies bedeutet nicht, dass man diese Subjektivität nicht beeinflussen kann. Und dieses passiert.

Sex ist ein Tabu. Noch immer und wird es immer bleiben. Der Grund dafür ist die Erschaffung bzw. die Erhaltung der Ordnung[76] und Tatsache, dass Sex etwas nicht Fassbares, nicht mit Ordnung zu Bezwängendes ist. Die Zaghaften Versuche dieses zu tun, aus dem Bestreben hinaus eine funktionierende Ordnung zu erhalten, könne man am Beispiel des Umgangs der Kirche als transnationaler Institution mit der Homosexualität sehen, wobei das Neue Testament keinen Anlass dazu gibt, eher im Gegenteil, wo gleichzeitig aber die Pädophilie, wie auch Homosexualität im Kirchengefüge herrschen, jedoch vertuscht werden bzw. es keine wirkliche Aktionsantwort[77] auf diese gibt.

Wir sehen also das Ausmaß der Zerstörungs- /Schaffungswucht der sexuellen Energie. Es ist nicht in eine Ordnung zu zwängen, deshalb ist einerseits ein Tabu und anderseits wird es versucht auf Umwegen in eine Ordnung zu quetschen, damit dem Menschen die Illusion der souveränen Willensfreiheit zumindest in der Sexualität gelassen wird.

---

[75] Verweis auf die Gedankenspielbereitschaft aus dem Kapitel **Umgang mit Sade**

[76] dieses Gedankengefüge ist auf der Basis von Georges Batailles Denken.

[77] Bis dato wurde eine neue strengere und dem christlichen Glauben widersprechende Doktrin erlassen um den Priestern/- kandidaten mit homosexuellen Neigungen bzw. Unterstützungsgefühlen zu begegnen.

Sex bei Sade ist ein Ausdruck des freien Willens der Libertins, auf der Basis folgender Gedankenordnung:

Das Leben wird mit dem Tod beendet. Der Tod ist eine Tatsache. Die Zeit dazwischen ist keinem höheren Ziel gewidmet, da wir keinen Gott haben. Ergo sollen wir die Zeit mit Genuss verbringen, in welcher Form auch immer. Da es keine höhere Instanz gibt, ist alles erlaubt.

Sade jedoch schafft keine erotischen Symboliken mit seiner Sprache, sondern erfasst Sex in all seinen Formen minutiös und mit einer gereinigten, klassischen Sprache. Dauernde Wiederholungen kalter Beschreibung, die langwierig scheinen. Er nimmt dem Sex dadurch die mystifizierende Tabuhaftigkeit weg. *Sein Werk ist ein unvergleichlicher Versuch, dieses eine Prinzip, das die Quelle der Erotik und des Lebens ist, zu definieren.*[78]

Die Legitimität der Gewalt in einer Orgie ist bei Sade einerseits gegeben, weil Henker bzw. Opferrollen willkürlich getauscht werden können, und falls es zum vorzeitigen Tode kommen sollte, hat dies keine Relevanz, da Menschen sowieso von Natur aus sterben müssen und ob sie von der Hand eines genießenden Libertins, eines Diktators oder der Natur sterben hat keine distinktive Wichtigkeit.

Anderseits ist die Leidenschaft der Zerstörung die stärkste. Denn *eine Leidenschaft wird umso energischer sein, je mehr Widerstände sie zu überwinden hat. Die geheimen Leidenschaften und die grausamen Leidenschaften sind die stärksten. Ihr Name ist Zerstörung.*[79]

---

[78] Seite 154, „Sexualität und Erotik" in Paz, Octavio: *Essays*

[79] Seite 156, ibidem

Frau aus der Gender-Perspektive?

Damit die menschliche Gesellschaft funktionieren kann, muss es klare Grenzen geben, wo sich diese bewegen darf. Es bedarf eines klaren Konstruktes um die Welt funktionstüchtig zu erhalten bzw. um die durch den Tod bedingte Sinnlosigkeit abzuschaffen. Deshalb ist alles was stinkt, schmutzig oder nicht fassbar ist ein Tabu, wie die Ausscheidung, Sex, Geburt und Tod.

Männer und Frauen werden gleich geboren, sterben gleich und scheiden beide aus. Beim Sex haben sie nicht die gleiche Rollenverteilung, wegen der Schwangerschaft und der Geburt.

In der Frau passiert etwas Unfassbares und sie gibt einem neuen Menschen das Leben. Das ist die Ausgangslage.

Der Mensch hat es geschafft ein Rangsystem zu erschaffen. Der Mensch hat nach Anerkennung und Sicherheit zu streben. Die Rollen sind klar verteilt. Der Mann ist der Welterforscher und der Krieger. Die Frau ist die Gefährtin als die Geschwächte, weil sie diejenige mit der Geburtsfähigkeit ist.

Diese Geburtsfähigkeit ist einerseits etwas Unfassbares, fast Sakrales, anderseits etwas ekelerregendes und angsteinflößendes. Die Vagina dient zur Ausscheidung, zum Geschlechtsverkehr und zur Lebensspendung. Die Frau ist also die Verkörperung aller Tabus.

Wie geht man also mit solch einem Wesen um?

Einerseits ist sie körperlich schwach, anderseits gebiert sie. Wie mit jeder Unfassbarkeit kann man dieses entweder sakralisieren oder verdammen. Mit der Frau wurde beides gemacht. Der Dualismus von der Mutter und von der Hure.

Die Mutter Gottes hatte kein Geschlechtsverkehr, sondern eine reine unbefleckte Geburt. So lange das Bild einer Frau als unbefleckt erhalten werden kann ist sie sakral. Sobald dieses nicht mehr so ist, ist sie verdammt, verrückt und zu bezwingen, da sie als die Personifizierung aller Tabus die gesellschaftliche Ordnung stören könnte.

Die Rolle wie auch die Emanzipation der Frau ist ein Konstrukt. Die Entwicklung der Rolle der Frau in der Geschichte war eine Konstruktveränderung. Grundlegend hat sich nichts verändert.

Konstrukte sind aber nicht als etwas Negatives zu bewerten. Der Mensch braucht Konstrukte um lebensfähig zu sein. Ohne Grenzen und Konstrukte wäre der Mensch in der Sinnlosigkeit verloren.

Dieselben archaischen Ängste vor dem Geschlecht und vor dem Tod bestehen und werden bestehen.

Und somit wären wir wieder am Anfang.

Frau bei Sade

Die Frau bei Sade hat eine widersprüchliche Rolle.

> Erst bei Sade werden die Frauen in aller Radikalität aufgefordert, die von der pornographischen Tradition angedeutete Emanzipation zu leben.[80]

Einerseits ist sie als Libertine verpflichtet sich allen Männern hinzugeben, die sie begehren, anderseits darf sie selber aktive Sexualität leben, auch selber Gewalt ausüben, selber entscheiden ob sie ihr Kind tötet oder nicht.

Einerseits Freiheit, anderseits Fremdbestimmung. Die Fremdbestimmung wird in Kauf genommen, um die Freiheit leben zu können.

Ich werde aus den Gender Studies heraustreten und folgenden Vorschlag der Betrachtung anbieten:

Sades Welt ist eine künstlich erschaffene Parallelwelt, wo wir diese allgemein im Konsens herrschenden *von Natur gegebenen* Genderattribute nicht haben. Die Akteure sind einfach da. Wie alles Andere. Zwar *von der Natur* gegeben, aber ohne eine historisch aufgeteilte Wichtigkeit.

In Sades Welt ist die Frau ein Spieler wie ein Mann. Ihre Unterlegung besteht aus der verpflichtenden Hingabe, die jedoch ein Machtinstrument ist. Es wird immer wieder bestätigt, dass die Frau an sich einen freien Willen hat.

Sex ist Instrumentarium zum Vergnügen einerseits, zum Rang anderseits. Und die Frau hat die Wahl wie sie mitspielt. Sie hat vor allem den Vorteil dass die Parallelwelt zur Libertinwelt, sprich die normale Welt, von Männern beherrscht wird, die als die Herrschenden auch die Vormachtstellung im Sex an sich gerissen haben. Somit hat sie als die geheim gleichberechtigte Sex-Ausüberin, die bessere Kenntnis, die größere Macht um zum erwünschten Rang zu kommen.

Frauen und Männer bei Sade sind Spieler ausgestattet mit verschiedenen Attributen, ob gleichberechtigt oder nicht, ist dabei unwichtig, da sie mit verschiedenem Instrumentarien spielen können.

---

[80] Seite 21, Stefan Zweifel, Michael Pfister: „Die Hinbrünstigkeit der Aufklärung" in Sades *J.J. VIII*

Konklusion

Ich will anmerken, dass Sade in der Zeit der Französischen Revolution und vor allem danach beobachten konnte, wie Menschen tonnenweise hingerichtet worden sind, nicht aus Leidenschaft, sondern aus Ordnung schaffender bzw. -erhaltender Funktion heraus.

Das Streben nach souveräner Freiheit ist im gesellschaftlichen Kontext unerfüllbar, da ein eben einer Gesellschaft ein System, ein System eine Ordnung braucht. Die Souveränität ist nur in der Übergangsphase des Modellwechsels lebbar. Die Sadesche Libertinwelt scheint die Souveränität lebbar zu machen. Dies ist nur möglich, weil es eine geordnete Parallelwelt gibt, in dessen Anhängigkeit die Libertinwelt besteht. Ohne die Modelle davor und danach gäbe es keinen erregten *unterwegs*-Zustand der Anarchie dazwischen. Wenn alle souveräne Libertins wären, gäbe es ab einem Zeitpunkt kein Essen, kein Trinken, keinen Nachschub an Jünglingen für die Orgien.

Sades Werk ist als Gesellschaftskritik zu sehen, als die Verarbeitung der biographischen Gegebenheiten, wie Gefängnisaufenthalte und Guillotinewahrnehmung, als der Versuch die Rang- und Ordnungsstrukturen zu ergründen, wie auch Sex losgelöst von symbolischen Erotikvorstellungen, zu definieren.

Das Bemerkenswerteste an Sade ist der klare Stil, wie auch das Loslösen von der emotionalen Bindung an Gedanken, das zeigt was für eine spielerische Kapazität ein Mensch an Gedanken haben kann, wenn er will. Wie lange er damit konkret praktisch leben kann, ist dann die Frage.

Bibliographie

Sade, Marquis de: *Die Philosophie im Boudoir,* Merlin Verlag, Gifkendorf, 1995

George Bataille: „Sade und die Moral" in SADE, Marquis de: *J.J. VI*, Matthes & Seitz, München, 1995

Georges Bataille, André Breton, Jean Cocteau, Jean Paulhan, Jean-Jaques Pauvert und Maurice Garçon: „Der Fall Sade" in SADE, Marquis de: *Justine und Juliette VII*, Matthes & Seitz, München, 1997

Mattheus, Bernd: „Sade, Holbach und die Menschmaschine" in in SADE, Marquis de: *Justine und Juliette IX*, Matthes & Seitz, München, 2000

Paz, Octavio: *Essays 1,* Suhrkamp Taschenbuch, Frankfurt am Main, 1984

Stefan Zweifel, Michael Pfister: „Die Hinbrünstigkeit der Aufklärung" in SADE, Marquis de: *Justine und Juliette VIII*, Matthes & Seitz, München, 1998

Bastian Bammert (2007): Von der Monopolisierung der Gewalt zum Arbeitsprozess und der rationalisierten Sexualität bei Marquis de Sade. Arbeiter und Arbeitsprozess in Analogie zu den Libertins und der de Sadeschen Orgie

Einleitung: Zum Thema und Inhalt der Arbeit

Sexualität und Arbeit bilden die Grundlagen des menschlichen Lebens. Durch Sexualität pflanzen wir uns fort, durch Arbeit ernähren wir uns. Arbeit aber unterdrückt Sexualität und diese wiederum hält den Menschen von der Arbeit ab. Über die Jahrhunderte hat sich der Mensch mehr und mehr seiner natürlichen Triebe entledigt und sie durch gesellschaftliche Veränderungsprozesse zunehmend unterdrückt und zivilisiert. Der Marquis de Sade hat ihn, mit seinen menschenverachtenden Pornographie- und Gewaltgeschichten wieder mit seiner ursprünglichen Natur konfrontiert und wurde dafür bestraft. In der vorliegenden Arbeit wird, nach einer grundlegenden Darstellung des Zivilisations- und Arbeitsprozesses, die Analogie der rationalisierten Arbeit zur sexuellen Programmatik in der Sadeschen Orgie aufgezeigt. Neben der Berücksichtigung geschichtlicher Aspekte, werden Theorien des Arbeitsprozesses, der Aufklärung und der Verbindung von Sexualität, Gewalt und Rationalität untersucht. Aufgrund des Themenumfangs wird in dieser Arbeit auf ausführliche Textbeispiele aus der Literatur de Sades größtenteils verzichtet und diesbezüglich auf die verwendete Fachliteratur zu seinem Werk verwiesen.

Zivilisationsprozess und Naturbeherrschung

Die Bildung von Gewalt- und Steuermonopolen ging von den großen Höfen aus, an denen sich, durch den Verflechtungszwang der höfischen Gesellschaft untereinander, die Entwicklung der „Zivilisation des Verhaltens" skizzieren lässt.[81]

In diesem Kapitel wird der Zivilisationsprozess, vor allem unter den Aspekten der Monopolisierung der Gewalt und der Naturbeherrschung im Sinne der Aufklärung betrachtet. Die betroffenen Schichten, allen voran der Adel und das Bürgertum, sowie die soziokulturellen und ökonomischen Umbrüche sind hierbei ebenso von Interesse wie die Thematisierung von Verboten, neuen gesellschaftlichen Leitmotiven und der Transgression im Hinblick auf die spätere Betrachtung des Arbeitsprozesses und der Rationalität im Allgemeinen und im Speziellen bei de Sade.

Zivilisationsprozess, Monopolisierung der Gewalt und Kapital

Der Beginn des Zivilisationsprozesses im Abendland, der heutigen westlichen Welt, kann ab dem 11. bzw. 12. Jahrhundert skizziert werden.[82] Die Entstehung und Herausbildung eines gedämpften Adels, heraus aus dem Kriegsadel, endet im 17. bzw. 18. Jahrhundert. Die Entwicklung der militärischen und vor allem wirtschaftlichen Autarkie, der „Verhöflichung der Krieger" ist ein langer, und durch die Komplexität der tangierten Stände problematischer, Prozess.[83] Die großen sozialen Unterschiede, beispielsweise zwischen Bauern und Kriegern bleiben, aufgrund der immer stärkeren physischen und durch Macht legitimierten Bedrohung, lange Zeit bestehen. Der insgesamt schwerfällige Prozess erfährt erst im 15. bzw. 16. Jahrhundert eine Beschleunigung, vor allem durch Folge der immer stärkeren und vor allem schnelleren Kapitalisierung und Geldentwertung.[84]

---

[81] Elias, Norbert: *Über den Prozeß der Zivilisation*, 1979, 353

[82] Vgl. Elias (Anm.1), 354

[83] Elias (Anm.1), 353

[84] Vgl. Elias (Anm.1), 360f

Die durch ihren Stand und somit Macht legitimierten Krieger müssen sich zunehmend dem wachsenden wirtschaftlichen Druck beugen und sind gezwungen ihre gewaltsamen Triebe zu unterdrücken, eine mehr oder weniger pazifistische Haltung ihrem sozialen Umfeld gegenüber zu entwickeln und zu festigen. Hierauf wird in den folgenden Unterkapiteln noch weiter eingegangen. Diese „Selbstzwang-Apparatur" jedes einzelnen steht im Zusammenhang mit der Monopolisierung und Institutionalisierung der physischen, direkten Gewalttat und der Stabilität der gesellschaftlichen Zentralorgane, die sich teilweise daraus entwickeln.[85] Die Herausbildung des Gewaltmonopols ist ab dem 16. Jahrhundert, indem sich ein umfassender Monopolisierungsprozess von Herrschaft abzeichnete, zu manifestieren. Weitere zunehmend verstaatlicht und monopolisierte Zentralorgane sind „[...]Verwaltung, Rechtssetzung, Rechtssprechung und andere Sektoren der staatlichen Sphäre."[86]

Die ‚Verhöflichung der Krieger' bildet, laut Elias eine der elementarsten Voraussetzung jeder Zivilisationsbewegung.[87] Zunehmend wird jedem einzelnen von klein auf die angesprochene Selbstzwang-Apparatur aufgebunden, jeder muss lernen seine gewaltsamen Triebe zu unterdrücken und sich den verfestigenden, neuen gesellschaftlichen Normen anzupassen um seine soziale Existenz zu sichern. Die neuen Verhaltenscodexe werden überall außerhalb des Hofes verbreitet und z. B. durch Minnelieder weiter getragen.

Trotz dieser Entwicklung und umfassenden Kommunikation der neuen Verhaltensregeln, der „courtoisen Vorschriften", werden sie aber nur partiell eingehalten.[88] Elias spricht vom „Über-Ich", das noch nicht besonders stark ausgeprägt ist und gleichmäßig entwickelt und somit noch nicht genügend selbstreflexiven Einfluss auf den Menschen ausübt.[89] Auch das aufkommende Bürgertum kann die neuen Werte noch nicht ausreichen propagieren, da es gegenüber dem Adel noch nicht besonders stark konkurrieren kann, was sich aber bald ändert.

---

[85] Elias (Anm.1), 320

[86] Anter, Andreas: *Max Webers Theorie des modernen Staates. Herkunft, Struktur und Bedeutung*, 1995, 38

[87] Vgl. Elias (Anm.1), 353f

[88] Elias (Anm.1), 356

[89] Ebd., 356

Obwohl die Entwicklung weder sehr schnell noch homogen verläuft, ist der Prozess im 18. Jahrhundert mit der endgültigen Institutionalisierung von Gewalt und Herrschaft nahezu abgeschlossen. Eben diese Herrschaftsverbände haben durch die Errichtung des Gewaltmonopols die „Existenzbedingung des Staates" geschaffen.[90] Der Zwang der dauernden Kriege und gewaltsamen Aneignung von Besitz wird zunehmend durch die Zwänge des Kapitals, des Geld- und Prestigeerwerbs ersetzt. Trieb- und Affektregung werden „[…]durch die Angst vor der kommenden Unlust [z. B. sozialer Abstieg] überdeckt und bewältigt[…]", bis diese Angst sich den verbotenen Neigungen und Verhaltensweisen entgegenstemmt, sie unterdrückt, hierdurch kommt es zur Befreiung von Emotionen wodurch das Bild des Menschen psychologisiert wird.[91]

Der „[...]starke und beständige Druck von den verschiedensten Seiten her verlangt und züchtet eine beständige Selbstkorntrolle, ein stabileres Über-Ich und neue Formen des Benehmens im Verkehr von Mensch und Mensch: aus Kriegern werden Höflinge."[92] Die Bedrohung von Menschen untereinander wird berechenbarer und unterliegt immer geringeren Schwankungen im Verhalten. Die Gesellschaft definiert ihr Handeln zunehmend durch eine zunehmende „[…] ‚Zivilisation' der psychischen Selbststeuerung."[93]

Luhmann stellt fest, dass es keinen Staat ohne Gewaltmonopol, welches folglich den Staat bedingt, gibt.[94] Wenn in dieser neuen Form, dem neu organisierten Staat Gewalt ausgeübt wird, dann nur die staatlich legitimierte. Diese Gewalt kann direkt, physisch oder indirekt, strukturell immanent sein. Festzustellen ist außerdem, dass „[…]das Gewaltmonopol an Legitimität gekoppelt[…]" ist und es folglich auch „ohne Gewalt keinen Staat" gibt.[95] Das Gewaltmonopol unterliegt der permanenten Erneuerung durch Geltendmachung des Anspruchs unter, nach Weber, zwei elementaren Voraussetzungen für seine beständige

---

[90] Anter (Anm. 6), 41

[91] Elias (Anm.1), 372

[92] Ebd., 368

[93] Ebd., 357

[94] Vgl. Anter (Anm. 6), 40

[95] Anter (Anm. 6), 36

Existenz, der Institutionalisierung der Gewaltmittel und einer Legitimitätsgrundlage.[96]

Durch die Institutionalisierung von Gewalt entstehen, im Normalfall, gewaltlose, befriedete Räume die durch die latente Staatsgewalt kontrolliert werden. Im Gegensatz zu wirtschaftlichen Monopolen ist das Monopol der Gewaltsamkeit nur schwer kontrollierbar und niemals absolut. Gewalt als Form des menschlichen Handelns ist latent oder manifest immer präsent.[97] Die Aufrechterhaltung des Monopols und Wahrung der Interessen des Staates wird durch indirekte, strukturelle Gewalt erreicht, kann aber ggf. auch durch Ausübung physischer Gewalt manifestiert werden. Somit nutzt die Gemeinschaft physische Gewalt zur Wahrung ihrer Interessen.[98] Damit befindet sich jeder Staat im „[…]Angesicht einer Paradoxie", da er zur Unterbindung von Gewalt unter seinen Bürgern wiederum Gewalt einsetzen kann und muss.[99] Auf den Bürger selbst wird nur noch strukturelle Gewalt von Seiten des Staates ausgeübt, während aufgrund der sozialen Zwänge untereinander immer höherer Druck durch die Gesellschaft aufgebaut wird.

Die gesellschaftlichen Strukturen werden immer komplexer, die Ausdifferenzierung der Funktionen vielschichtiger. Der neue, bewusste Bürger läuft durch seine soziale Existenz mehr und mehr Gefahr sich durch unkontrollierte Affekte ins gesellschaftliche Abseits zu manövrieren. Je stabiler das Gewaltmonopol wird und den einzelnen in seine ‚Selbstzwang-Apparatur' zwingt, „[…] desto mehr ist der Einzelne in seiner sozialen Existenz bedroht, der spontanen Wallungen und Leidenschaften nachgibt; desto mehr ist derjenige gesellschaftlich im Vorteil, der seine Affekte zu dämpfen vermag, und desto stärker wird jeder Einzelne auch von klein auf dazu gedrängt, die Wirkung seiner Handlungen oder die Wirkung der Handlungen von Anderen über eine ganze Reihe von Kettengliedern hinweg zu bedenken."[100] Hier tritt die Logik des Kapitals in Erscheinung, auf die in Kapitel „Aufklärung und Arbeitsprozess" noch weiter eingegangen wird. Durch die Stabilisierung des Gewaltmonopols

---

[96] Vgl. Anter (Anm. 6), 44

[97] Vgl. ebd., 44

[98] Vgl. ebd., 45-47

[99] Anter (Anm. 6), 45

[100] Elias (Anm.1), 322

kommt es zu größerer Funktionsteilung, was wiederum zu längeren Handlungsketten führt die eine Arbeitsteilung ebenso wie eine höhere funktionelle Abhängigkeit bedingen. Voraussetzungen für den rationalisierten Arbeitsprozess werden geschaffen.

Der Verlierer dieser gesamtgesellschaftlichen Entwicklung ist zunehmend der Adel. Während vor allem die bürgerlichen Schichten und der König durch die neuen Möglichkeiten zur Anhäufung des Geldes profitieren und wachsen, sind die Möglichkeiten des finanziellen Zugewinns durch den Adel, der sich durch seine Stellung nicht zur Arbeit verpflichtet fühlt, kaum vorhanden. Wer aber an den Höfen innerhalb dieser sozialen Verflechtungen lebt, ist zur „Zurückhaltung" seiner (ursprünglichen) Affekte gezwungen.[101] Diese Gegebenheiten resultieren zunehmend in der Abhängigkeit vom königlichen Hof, der den Adel finanziert wodurch eine „Bedürfniskonstellation" entsteht.[102]

Unterdrückung der Natur, Aufbäumung und Beherrschung

„Das Programm der Aufklärung war die Entzauberung der Welt. Sie wollte die Mythen auflösen und Einbildung durch Wissen stürzen."[103]

Während die Mythologie den menschlichen Geist als Naturmacht, als „in die Natur versenkt" betrachtet, nimmt die Entmythologisierung im Sinne der Aufklärung den (bis dahin untrennbaren) Zusammenhang von Geist und Natur.[104] „Zusammenhang, Sinn und Leben[...]" werden in die Subjektivität zurückgeführt.[105]

Wie bereits skizziert, war das Individuum früher stärker „[...]von Naturgewalten hin und hergeworfen", es wurde von seinen ungezügelten Trieben und Leidenschaften beherrscht und von keiner ‚Selbstzwang-Apparatur' oder einem psychologisierten ‚Über-Ich' unter Kontrolle gehalten.[106] Das im Rahmen des Zivilisationsprozesses erweiterte ökonomische System bringt die zunehmende

---

[101] Elias (Anm.1), 355

[102] Ebd., 364

[103] Horkheimer, Max ; Adorno, Theodor W.: *Dialektik der Aufklärung*, 2.Auflage, 1984, 19

[104] Ebd., 109

[105] Ebd., 109

[106] Elias (Anm.1), 330

„[...]Entfaltung der menschlichen Potenzen, die Emanzipation des Individuums und eine zunehmende Naturbeherrschung[...]" mit sich.[107] Das diese rationalisierende Entwicklung letztlich eine Stagnation bewirkt, die „[...]die Menschheit in eine neue Barbarei treibt", wird im Verlauf der Rationalisierung von Arbeit und der damit einhergehenden Entsubjektivierung des unterworfenen, abhängigen Arbeiters deutlich.[108] Auf diese angesprochene Negierung der eigentlichen Aufklärung wird im Bezug auf die Entfremdung und dem möglichen Scheitern der Aufklärung, nach Adorno und Horkheimer, noch eingegangen.

Die zunehmende Beherrschung der Natur zeigt sich durch die Etablierung funktionaler, mittels Herrschaft organisierter, gesellschaftlicher Arbeit. Die Funktionalisierung und Instrumentalisierung der menschlichen Natur resultiert in einer besseren Kontrolle der äußeren Natur. Zur Unterdrückung und dem Versuch der stetigen Kontrolle der eigenen Affekte und Triebe und letztlich zur sozialen Selbsterhaltung setzt der Mensch die Arbeit „schlicht mit Naturbeherrschung" gleich.[109] Der Unterdrückung der Natur durch Arbeit geht somit ein Trennungsakt von Mensch und (seiner) Natur, welche Geist und Körper beinhaltet, voraus. Kennzeichnend für diesen Prozess selbst ist eine Form des Gewaltakts durch Arbeit, denn dieser trennt das Subjekt letztlich vom Objekt. Für diese zunehmende Rationalisierung des Menschen steht die Zahl, die in einer „mythologisierenden Gleichsetzung" mit der Idee die „Sehnsucht aller Entmythologisierung" ausspricht und Natur somit quantifizierbar macht.[110] Die Unterdrückung der Natur manifestiert sich in der Arbeit, die somit zur „Grundlage unseres menschlichen Lebens" wird.[111] Die Arbeit bedingt demnach gezügelte, kontrollierte menschliche Impulse die gewaltsam unterrückt werden müssen da die ursprüngliche Gewaltsamkeit im Menschen erhalten bleibt. Durch diese stetige Unterdrückung kann eine gesellschaftliche Ordnung hergestellt werden. Letztlich fungiert Arbeit als gesellschaftlich legitimiertes Organ zur Naturbeherrschung, um Bedürfnisse physisch und psychisch zu unterdrücken.

---

[107] Postone, Moishe: *Zeit, Arbeit und gesellschaftliche Herrschaft*, 2003, 173

[108] Postone (Anm.27), 173

[109] Ebd., 175

[110] Horkheimer; Adorno (Anm. 23), 23

[111] Bataille, Georges: *Die Erotik*. In: Batailles, Georges: *Das theoretische Werk in Einzelbänden*, 1994, 41

Diese Herrschaft des Menschen über die Natur bildet zugleich die Bedingung für die Herrschaft von Menschen über Menschen.[112]

Ein weiterer Aspekt der Naturbeherrschung ist, neben der Arbeit als rationalisierter Prozess, die Analogie der Arbeit zur Sexualität, Grundlagen des menschlichen Lebens. Die Dämpfung der natürlichen Triebe durch Arbeit beinhaltet die Kontrolle der sexuellen Bedürfnisse. Arbeit dient zur Unterdrückung der Sexualität, somit kommt es zu einer zeitlichen und letztlich körperlichen Selbstdisziplinierung durch Abwertung und Unterdrückung der natürlichen Triebe. Arbeit und Sexualität können folglich als disziplinierte Prozesse bezeichnet werden. Elias verweist darauf, dass durch die Selbstregulierung ggf. „[…]keine positive Lustbilanz mehr möglich[...]" ist und das Subjekt nicht nur durch andere, gesellschaftliche Verbote, sondern auch durch das Selbst unterdrückt wird.[113] Auf die Erkenntnis, dass jeder, der versucht „[…]Naturzwang zu brechen, indem Natur gebrochen wird […]nur umso tiefer in den Naturzwang hinein [gerät]", hat de Sade schon durch seine Libertins eine Antwort gegeben, die die gesellschaftlichen Konventionen der Aufklärung, nämlich Arbeit und unterdrückte Sexualität, bewusst negieren.[114] Die gefestigten Strukturen der psychischen Selbststeuerung, der Kontrolle über die Naturtriebe werden in der Betrachtung des de Sadeschen Orgiengeschehens unter dem Aspekt der Aufklärung in Kapitel „Die Rationalisierung der Sexualität bei De Sade" näher erläutert.

Gesamtgesellschaftlich betrachtet übt der Zivilisationsprozess im Rahmen der Aufklärung großen Einfluss auf die verschiedenen Stände, allen voran Adel und Bürgertum, aus. Aus den Anstrengungen der Natur-unterdrückenden Selbstregulierung, dem damit verbundenen Arbeitsprozess und den aufkommenden ökonomischen Veränderungen etabliert sich ein neuer Materialismus. Die bürgerliche Kultur, die Natur „zum ständigen Begleiter der Vernunft" macht, emanzipiert sich zunehmend von der höfischen Gesellschaft.[115] „Von nun an soll die Materie endlich ohne Illusion waltender

---

[112] Vgl. Horkheimer; Adorno (Anm. 23), 20

[113] Elias (Anm.1), 335

[114] Horkheimer; Adorno (Anm. 23), 29

[115] Maasen, Sabine: *Die Genealogie der Unmoral. Zur Therapeutisierung sexueller Selbste*. 1998, 372

oder innewohnender Kräfte, verborgener Eigenschaften beherrscht werden."[116] Die neue Weltansicht formuliert sich im Materialismus wieder, der die vollendete Naturbeherrschung in der „Autonomie der Materie", die mit der Seele eins ist, propagiert.[117]

Adel, Bürgertum und Aufklärung

Wie schon angedeutet, kommt es kontinuierlich zur „[...]Entmachtung des ersten Standes, [...] Pazifizierung des zweiten Standes und das allmähliche Aufrücken des dritten[...]."[118] Durch die Emanzipation des Bürgertums erodiert die Feudalaristokratie im 18. Jahrhundert zunehmend. Das hat eine „Neubewertung" gesellschaftlicher Werte und Normen, neben der Arbeit vor allem im Bezug auf die „Lebensbereiche Ehe, Liebe und Sexualität" zur Folge.[119] Die Moral des Bürgertums hat die bis dato dominierende Willkür des Adels abgelöst und ist zur dominanten Werteinstanz geworden. Die „Waffe der Aufklärung" ist die Kritik, die Kritik an den alten Werten des Adels durch das Bürgertum, das sich seine Existenzgrundlage im Gegensatz zum Adel erarbeitet hatte.[120] Sabine Maasen bezeichnet die Sexualität als die Grundlage „bürgerlicher Hegemonialstrebungen", neben den moralischen Werten wird vor allem der Aspekt der Hygiene betont.[121] Die sexuelle Aufklärung wird von Seiten des Bürgertums übernommen und versteht sich, neben der Verwissenschaftlichung, „[...]im Rahmen einer umfassenderen politischen Strategie" im Emanzipationsprozess des Bürgertums.[122] Somit resultiert die bürgerliche Vernunft in der Hervorhebung von Kultur und Zivilisation als die Triebfeder der Aufklärung und der Naturbetrachtung im Sinne Voltaires.[123] Die Arbeit verfestigt sich zur sittlichen Pflicht und letztlich zur Daseins- und Existenzbedingung in der, durch die „städtisch-kaufmännische Rationalität",

---

[116] Horkheimer; Adorno (Anm. 23), 22

[117] Heitmüller, Elke: *Zur Genese sexueller Lust. Von Sade zu SM*, 1994, 78

[118] Elias (Anm.1), 395

[119] Harmuth, Melanie: *Zur Kommunikation von Obszönität. Der Fall de Sade*, 2004, 47

[120] Maasen (Anm.35), 374

[121] Ebd., 357

[122] Ebd., 365

[123] Vgl. Maasen (Anm.35), 374-377

materiell geprägten, erstarkten Gesellschaftsform.[124] Neben der Arbeit manifestiert sich, durch die Wertvorgaben des Bürgertums, auch ein Modell der partnerschaftlichen, mehr oder weniger, gleichberechtigten Liebe und des gegenseitigen Respekts. Daraus geht eine Neubewertung der Instanz der Familie hervor. Diese Tendenzen werden u. a. von de Sade aufgegriffen und bewusst negiert. Das neue Bürgertum, etabliert mehr und mehr durchrationalisierte Prozesse, jedes Handeln hat „[...]in allen Einzelheiten den Charakter unentrinnbarer Zweckmäßigkeit aufgeprägt."[125] Ein fundamentales Anliegen des Bürgertums liegt im Fortbestand, der ständigen Anhäufung von Ressourcen mittels vorausschauender Arbeit. Diese Rationalität, die das Bürgertum gegenüber dem Adel kennzeichnet, kann „eine bedeutende Überlegenheit" über die anderen (die Gruppen bzw. den Stand) verschaffen.[126] Hierbei wird deutlich, dass Unterdrückung letztlich durch die Rationalität, der funktionalisierten Vernunft eines Kollektivs, erreicht werden kann. Diese neu erworbenen Wertvorstellungen, bezogen auf Normen der Arbeit und Sexualität, werden durch die neue, dominante Gesellschaftsschicht tabuisiert und mit Verboten vor Erosion geschützt. Die zunehmende Homogenität des bürgerlichen Kollektivs wird durch die latente Gewalt des sich auflösenden Adels immer wieder tangiert.[127] Die gedämpfte Gewaltsamkeit, die durch den Zivilisationsprozess unterdrückt wird, tritt immer wieder seitens des Adels hervor. Die bürgerliche Schicht ist durch den Prozess der Aufklärung gewachsen und erstarkt, der Adel kann die latenten Aggressionen, auch aufgrund der zunehmenden Infragestellung der sozialen und materiellen Existenz nur schwer zurückhalten.[128] Der drohende Machtverlust schlägt sich u .a. in der Herabwürdigung der unteren Schichten nieder und der damit immanenten „[...]Hervorkehrung des sozialen Unterschieds".[129] Die zunehmende Transgression wird Bestandteil „einer krisenhafte[n] Verfassung des Adels", der sich durch die sexualmoralischen Elemente und die gesellschaftliche sowie

---

[124] Elias (Anm.1), 384

[125] Horkheimer; Adorno (Anm. 23), 107

[126] Elias (Anm.1), 387

[127] Vgl. Harmuth (Anm.39), 18f

[128] Vgl. Meyer, Ronald: *Sexualität und Gewalt. Formen und Funktionen der Sexualität in der Fiktion und Biographie des Marquis de Sade,*1999, 273ff

[129] Meyer (Anm.45), 273f

existentielle Nötigung zur Arbeit und Abstinenz, durch das Bürgertum propagiert, in Bedrängnis sieht.[130]

Verbot und Transgression

„Die Menschen sind gleichzeitig zweierlei Regungen unterworfen: dem Schrecken, der sie zurückscheucht, und der Anziehung, die sie fasziniert und Ehrfurcht erzwingt."[131] Die Verbote oder die oft mit der Negierung von Tabus verbundene Überschreitung, die Transgression, ist wie bereits beschrieben, eine Möglichkeit des Widerstands gegen die Moral des Bürgertums. Im Bezug auf die später folgende, ausführliche Beschreibung der Libertins und der bewussten Überschreitung aufklärerischer Normen ist eine Betrachtung des Verbots und des Obszönen, „als das gesellschaftlich ausgegrenzte" von Interesse.[132] Der Unterschied von Mensch zu Tier manifestiert sich in der Arbeit und den Verboten.[133] Bataille betrachtet die Verbote und Arbeit als eine Art der Weigerung, des Unverständnisses und letztlich der Aufbäumung der Menschen gegenüber dem Lebenskreislauf.[134] In den Vorstellungen des Bürgertums und der Aufklärung hat Arbeit den Zweck der Festigung von Verboten bzw. hält sie von der Natur ab, das schließt Gewalt, „geschlechtliche Fortpflanzung und [...] den Tod" mit ein.[135]

Das Obszöne kann als „[...]das die Gesellschaft mit ihren eigenen Grundlagen und Grenzen konfrontierende[...]" angesehen werden, wobei die Tragweite und eigentliche Definition des Obszönen von der jeweiligen Gesellschaft abhängt, die es thematisiert und tabuisiert.[136] Das Obszöne bestimmt demnach das heterogene einer Gesellschaft, das letztlich nicht akzeptiert wird und eine Gefahr für die homogene Ordnung darstellt. Folglich kann man sagen, dass das Bürgertum den Adel bzw. dessen Moralvorstellungen als obszön definiert und

---

[130] Ebd., 46f

[131] Bataille (Anm.31), 68

[132] Harmuth (Anm.39), 12

[133] Vgl. Bataille (Anm.31), 32

[134] Vgl. ebd., 84f

[135] Bataille (Anm.31), 43

[136] Harmuth (Anm.39), 12

gesellschaftlich tabuisiert. Somit dient Transgression letztlich der „Etablierung einer neuen, [bürgerlichen] Ordnung", denn ohne Normen und Verbote kann es keine Überschreitung derselben geben.[137] Transgression im Allgemeinen ist kein Phänomen des Zivilisationsprozesses der Aufklärung, sondern ein in der Geschichte immer wiederkehrender, von Verstoß gegen weltliche oder religiöse Ordnung gekennzeichneter, Vorgang.[138] Die Wahrung der Homogenität geht, wie das „Gefühl des Verbots" vom gesellschaftlichen Kollektiv aus, das sich in unserem Fall durch das Bürgertum definiert.[139] Das bedingt allerdings, dass ein Nicht-Mitglied das Verbot der Gemeinschaft überschreiten kann.[140] Besetzt man das Nicht-Mitglied mit de Sade und seinen Libertins wird deutlich, dass diese als Hauptmerkmal die Transgression nutzen, wobei auf die heutige Normen und Verbote bezogen, sicherlich weniger als transgressiv empfunden würde.[141]

„Die Transgression eines Verbotes bleibt immer dem Verbot behaftet, ist auf das Verbot erst angewiesen."[142] Wie in Kapitel „Die Libertins, Normbruch und Überbieten der Natur" noch deutlicher gezeigt wird, agieren die Libertins als „multiple Transgressionsbewegung".[143] Ohne den gesellschaftlich manifestierten Verboten, Regeln und Tabus könnten diese nicht permanent gebrochen oder überschritten werden. Somit ist und bleibt die Überschreitung eines Verbots auf den Trangsressionsvorgang reduziert, der das Verbot letztlich nicht auflöst, sondern nur durch den Akt der Überschreitung als solches kennzeichnet.[144] Aus eben dieser Überschreitung, der Negierung von Gott, der Moral, sozialen Konventionen, gewinnt der Libertin bei de Sade seine Lust, er benötigt Objekte der Überschreitung, denn ohne Verbot gibt es keine Negation dessen.[145] Ein Verbrechen, das toleriert wird, hat folglich keinen Reiz mehr für

---

[137] Harmuth (Anm.39), 106

[138] Vgl. Meyer (Anm.45), 40-42

[139] Bataille (Anm.31), 49

[140] Vgl. Bataille (Anm.31), 49

[141] Vgl. Meyer (Anm.45), 39f

[142] Harmuth (Anm.39), 98

[143] Meyer (Anm.45), 43

[144] Vgl. Harmuth (Anm.39), 98

[145] Vgl. Böhme, Hartmut: *Natur und Subjek,* 1988, Onlinequelle, keine Seitenangaben

den Libertin.[146] Bataille bemerkt, dass die Überschreitung eines Verbots „[...]nicht weniger an Regeln gebunden [ist] als das Verbot selbst", damit trifft er den Kern der Orgie bei de Sade.[147] Letztlich lässt sich als Konsequenz des Bestehens von Verboten die Notwendigkeit ihrer Überschreitung konstatieren.

---

[146] Vgl. Beauvoir, Simon de: *Soll man Sade verbrennen?*. In: *Les temps modernes*, 1951/1952, keine Seitenzahlen

[147] Bataille (Anm.31), 65

Aufklärung (Funktionalisierung) und Arbeitsprozess

Wie schon gezeigt, kommt es zur Neudefinition der gesellschaftlichen Moralvorstellungen, welche neben der Sexualität vor allem die Arbeit betreffen. „Die Arbeit ist zunächst ein Prozess zwischen Mensch und Natur, ein Prozess, worin der Mensch seinen Stoffwechsel mit der Natur durch seine eigne Tat vermittelt, regelt und kontrolliert."[148] Durch die Entwicklungen im kulturellen und technischen Bereich, gelingt es dem Menschen zunehmend seine Natur und Triebe zu kontrollieren und zu unterdrücken, er ist durch die erstarkte ‚Selbstzwang-Apparatur' in der Lage sich gegen die Natur zu behaupten. „Die Gewalt der Gesellschaft über die Natur[...]" wird in nie geahnte Höhen getrieben, der Mensch, der die Maschine bedient wird aber auch von ihr versorgt.[149] Materiell wird der Lebensstandard gehoben, aber sozial kaum verbessert und durch die „Flut präziser Informationen" kommt es, nach Adorno und Horkheimer, zunehmend zu einer Verdummung der Menschen.[150] Diese Naturbeherrschung gründet in der Arbeit, die neben gesellschaftlicher Reproduktion der eigenen materiellen Lebensbedingungen auch die Sicherung der Bedürfnisse und des gesellschaftlichen Status beinhaltet. Ernst Michael Lange fasst Arbeit unter drei Stadien zusammen, dem Zweck, als „Indikator einer Identität" sowie dem Prozess und dem Resultat als „Verschiedenheit (der Stadien seiner Verwirklichung)".[151] Diese Betrachtungsweise ist vor allem im Bezug auf die Analyse der Rationalität der de Sadeschen Orgie von Interesse.

Aufklärung, Rationalität und Herrschaft

Die zunehmend rationalisierte, kapitalistische Gesellschaft, die sich mehr und mehr durch ihre Arbeit definiert, reduziert das Menschliche auf einen Gegenstand, eine Ware oder Werkzeug.[152]

---

[148] Marx, Karl; Engels, Friedrich: *Das Kapital*, 1968, 192

[149] Horkheimer; Adorno (Anm. 23), 15

[150] Ebd., 15

[151] Lange, Ernst Michael: *Das Prinzip Arbeit*, 1980, 14f

[152] Vgl. Bataille, Georges: *Die Aufhebung der Ökonomie*. In: Batailles, Georges: *Das theoretische Werk in Einzelbänden*, 2. erweiterte Auflage, 1985, 164

Die Lebensbedürfnisse der Menschen müssen zunehmend durch Produktion gestillt werden und nicht, wie z. B. bei Tieren, durch den reinen Konsum und die Verschwendung der in der Natur vorgefundenen Ressourcen und Lebensmitteln.[153]

Dieser selbst auferlegt Zwang resultiert in einer Steigerung der wirtschaftlichen Produktivität, die wiederum „dem technischen Apparat" und den über ihn verfügenden Gruppen eine Herrschaftsstellung gegenüber dem Rest der Bevölkerung verleiht.[154] Durch diese selbst erzeugt Abhängigkeit wird der „[...]Einzelne gegenüber den ökonomischen Mächten vollends annulliert", er wird funktionalisiert zum fremdbestimmten Werkzeug.[155]

Durch diese verdinglichte Welt wird auch der darin lebende Mensch zu einem ausführenden Objekt.[156] Der jetzt mündige Bürger wird funktionalisiert durch die bürgerliche Vernunft, die sich „keine inhaltlichen Ziele setzt" und „in alle Zwecke spannen lässt."[157] Diese formalisierte Vernunft fungiert als „[...]das Organ der Kalkulation, des Plans[...]", zweckmäßig für die Arbeit rationalisiert.[158] Von der Idee der „Entzauberung der Welt" ausgehend, als Programm der Aufklärung, soll der menschliche Verstand über die Natur gebieten und sie zu seinen Gunsten nutzen.[159] Adorno und Horkheimer bemerken aber, dass die Menschen von der Natur lernen wollen um sie, aber auch die anderen Menschen zu kontrollieren und zu beherrschen.[160] Weiter konstatieren sie, dass daraus folgend Aufklärung in Herrschaft mündet und der Bürger somit zum Sklavenhalter bzw. Sklaven wird.[161] Im Prozess der Rationalisierung wird die Vernunft letztlich funktionalisiert und (wieder) Herrschaft unterworfen. Arbeit wird somit zum Prüfstand der Aufklärung und muss sich dem Vorwurf der Herrschaft durch Gewalt (in struktureller Form

---

[153] Vgl. Fiedler, Markus: *Max Weber und der Sozialismus*, 2004, 9f

[154] Horkheimer; Adorno (Anm. 23), 14f

[155] Ebd., 15

[156] Vgl. Bataille (Anm.72), 86-89

[157] Horkheimer; Adorno (Anm. 23), 108

[158] Ebd., 107

[159] Ebd., 21

[160] Vgl. ebd., 20

[161] Vgl. ebd., 49 und 102

durch Unterdrückung) und letztlich der These, dass sie den „Mythos hinweggeführt" hat „[...]in dessen Bannerkreis sie aber unter der Herrschaft [aber]immer wieder geriet[...]" stellen.[162] Weitergeführt betrachtet, stellt folglich „das Wesen der Aufklärung die Alternative" zum bisherig mythologisierten Leben dar, „[...]deren Unausweichlichkeit die der Herrschaft ist", die sich wiederum durch Fremdbestimmtheit kennzeichnet.[163]

Rationalisierung und Entfremdung durch Arbeit

> „Die Menschen bezahlen die Vermehrung ihrer Macht mit der Entfremdung von dem, worüber sie die Macht ausüben."[164]

Das Individuum wird zunehmend durch soziale Gruppen der Herrschenden, deren Legitimation durch ihre Kontrolle über die technischen Apparate (die wirtschaftliche Produktivität bestimmen) begründet ist, unterdrückt und funktionalisiert.

Der Mensch selbst entfremdet sich dadurch immer mehr „von den beherrschten Objekten" und versachlicht seine Beziehungen indem der ökonomische Apparat „Waren mit den Werten" ausstattet, die über das Verhalten der Menschen entscheiden.[165] Eine der Leitmotive der Aufklärung, die Vernunft wird so zum „[...]bloßen Hilfsmittel der allumfassenden Wirtschaftsapparatur[...]" starr zweckgerichtet, werkzeughaft und negiert sich dadurch selbst.[166]

Der Mensch bestimmt sich als Sache, wird entsubjektiviertes Wesen. Diese Tendenz der Entfremdung wird von Lange als „[...]Vorgang oder der aus dem Vorgang resultierende Zustand einer Dissoziation von ursprünglich (der Zeit oder einem normativen Maßstab nach) zusammengehörigem bezeichnet."[167] Daraus geht hervor, dass sich der Arbeiter immer weniger mit seiner Arbeit identifiziert, er ist nur noch Teil eines funktionierenden Ganzen dem er sich nicht entziehen kann, da er sonst seine soziale und wirtschaftliche Existenz

---

[162] Ebd., 49

[163] Ebd., 49

[164] Horkheimer; Adorno (Anm. 23), 25

[165] Ebd., 45

[166] Ebd., 47

[167] Lange (Anm. 71), 19

aufgeben würde. Folglich ist die eigene Kraft, Energie gegen ihn selbst gerichtet, als Selbstentfremdung durch die seine Arbeit.[168] Nach Grimm ist der Begriff der Entfremdung als „fremd machen, berauben, entledigen", als „Widerfahrnis" definiert, in Verbindung mit dem der Entäußerung, die den „Akzent auf den aktiven Vollzug" legt und „veräußern, von sich geben, wegbringen, entfernen" impliziert.[169]

Adorno und Horkheimer sprechen in diesem Kontext, in der jeder Arbeiter seine letztlich vom Ergebnis isolierte Aufgabe zu verrichten hat, von einer steigenden Selbstentäußerung der Individuen, die sich ganz der technischen Apparatur anpassen, durch den „[…]Prozess der Selbsterhaltung durch bürgerliche Arbeitsteilung[…]", die zur erwähnten Abschaffung oder Negierung der Subjektivität im Sinne des optimierten Arbeitsprozesses führt.[170]

Der Einzelne wird durch das Kollektiv negiert und daraus wiederum resultiert eine „Regression der Massen" durch Arbeitsrationalisierung, eine Situation die durch die Aufklärung eigentlich abgeschafft werden sollte, dadurch gibt es keinen gesellschaftlichen Fortschritt, sondern einen Rückschritt für die Gesellschaft.[171] Mit dem Prozess des Aufklärung hat „[…]Denken das Element der [Selbst]Reflexion verloren[…]", der eigentlich freie Mensch wird von der „Maschinerie verstümmelt" während sie ihn ernährt.[172]

Horkheimer konstatiert, dass „[…]Subjekt und Objekt innerhalb einer historisch konstituierten Totalität[…]" immer miteinander verbunden sind, aber eben diese Verbindung im Kapitalismus nicht manifest wird, da Subjekt und Objekt zunehmend ausdifferenziert werden.[173] In der Arbeit immanent ist eine komplizierte Beziehung von Subjekt zu Objekt und umgekehrt.[174] Es wird deutlich, dass Aufklärung sich letztlich nicht im eigentlichen Arbeits- bzw. Rationalisierungsprozess, der perfektionierten Naturbeherrschung, vollendet. Die Produktion und der damit verbundene Prozess ist vielmehr „[…]zur Quelle

---

[168] Vgl. Lange (Anm. 71), 82

[169] Grimm, 1862, Spalten 490 und 522, in: Lange (Anm. 71), 17

[170] Horkheimer; Adorno (Anm. 23), 46f

[171] Ebd., 53f

[172] Ebd., 55

[173] Horkheimer, 1988, 174ff, in: Postone (Anm.27), 171

[174] Vgl. Lukács, 1948, 683, in: Lange (Anm. 71), 19

von Unfreiheit geworden", bedingt durch das Umfeld der gesellschaftlichen Verhältnisse.[175] Der so genannte Fortschritt mündet von der angestrebten Befreiung der mythologischen Zwänge zurück in die Unmündigkeit des Individuums in der Entfremdung. Dadurch lässt sich „Aufklärung als Massenbetrug" entlarven.[176]

Adorno und Horkheimer führen das Beispiel der Ruderer bei Odysseus als „logische Konsequenz der Industriegesellschaft" und Sinnbild der „Ohnmacht der Arbeiter" an, die zwar nebeneinander „eingespannt" sind, aber dennoch „[...]nicht zueinander sprechen können."[177] Der Arbeiter ist nur noch unmündiges Objekt und Werkzeug zur Verrichtung einer bestimmten Tätigkeit im Arbeitsprozess der Anpassung und Selbsterhaltung.

(Re-)Produktion, Selbsterhaltung und Arbeitsprozess

„Das System, das der Aufklärung im Sinne liegt, ist die Gestalt der Erkenntnis, die mit den Tatsachen am besten fertig wird, das Subjekt am besten bei der Naturbeherrschung unterstützt. Seine Prinzipien sind die der Selbsterhaltung."[178]

Während die Sexualität ihre ehemals existentielle Bedeutung verloren hat, wird aus der Arbeit die alleinige Bedingung der physischen Existenz der sozial und ökonomisch abhängigen Individuen. Arbeit wird dem Kapital, der Rationalität subsumiert, „[...]das produktive Leben selbst nur als ein Mittel[...]" der Selbsterhaltung zur Sicherung der eigenen Existenz und dadurch „[...]in ihrem Selbstwertcharakter beeinträchtigt[...]."[179] Die Arbeitsstrukturen, der Arbeitsprozess werden somit vom System der gesellschaftlichen Herrschaft überformt. Die Ressourcen und Produkte der Arbeit sind den ökonomischen, ethischen und politischen Faktoren innerhalb des Systems untergeordnet. Marx beschreibt die zur Existenzerhaltung notwendige Arbeit als „konkrete (nützliche) Arbeit", die den Austausch „zwischen Mensch und Natur" vermitteln soll.[180] Tatsächlich aber koordiniert der Arbeitsprozess, zum Zweck der

---

[175] Postone (Anm.27), 187

[176] Horkheimer; Adorno (Anm. 23), 141

[177] Ebd., 53f

[178] Horkheimer; Adorno (Anm. 23), 102

[179] Marx, in: Lange (Anm. 71), 87

[180] Marx; Engels (Anm.68), 57

Aneignung eines durch Organisierung und Rationalisierung zu erwirtschaftenden Überschusses, die Ausbeutung der eigenen und fremden Natur und wird damit Mittel zum Zweck. In der sozialen Wirklichkeit beruht die Arbeitsteilung auf der Unterdrückung der Gesellschaft in durch eine organisierte, homogene Gruppe, die zum Zweck der Selbsterhaltung den rationalisierten, entfremdeten Arbeitsprozess nutzt.[181] In der zunehmend „unterworfenen Massengesellschaft" sind die Reproduktionsmethoden und die Selbsterhaltung einer Vernunft subsumiert, die durch ihre Formalität jedem marktwirtschaftlichen Interesse zur Verfügung steht.[182] Das Denken „[...]ist in die Natur zurückversetzt" und der Mensch für das herrschende Subjekt Material, Objekt, „[...]wie die gesamte Natur für die Gesellschaft."[183] Das System wird vom Trieb der Selbsterhaltung beherrscht und der Bürger von Gruppen objektiviert, unter deren Herrschaft die Natur letztlich als destruktive, „[...]von der Selbstzerstörung gar nicht mehr zu trennen[ende][...]", der Maschine untergeordnete, Kraft fungiert und somit „die reine Vernunft zur Unvernunft [wird]."[184] Der Prozess der Naturaneignung, die Naturbeherrschung wird für das partikulare Interesse der Herrschaft über andere Menschen funktionalisiert und nicht für das Allgemeine Interesse.[185] Die ursprünglich ersehnte Freiheit des Individuums hat durch den Zwang zur bedingungslosen Selbsterhaltung durch Arbeit in eine immer stärkerer Abhängigkeit und Funktionalisierung des Menschen geführt.[186] Die Tätigkeit der Arbeit ist nicht mehr von dem ausführenden autonomen Subjekt beherrscht, der Arbeiter ist nur noch Teil eines Arbeitsprozesses und verhält sich zum Produkt seiner Arbeit wie zu einem fremden Gegenstand.[187] Er hat sich von dem Produkt seiner Arbeit entfremdet, Selbsterhaltung und Angst vor sozialer „Verstümmelung" aber erzwingen die Abhängigkeit von der herrschaftskontrollierten Maschine die durch „[...]technische Erleichterung des Daseins die Fixierung der Instinkte durch stärkere Unterdrückung" erreicht.[188] Max Weber konstatiert hier, wie auch beim

---

[181] Vgl. Horkheimer; Adorno (Anm. 23), 38

[182] Horkheimer; Adorno (Anm. 23), 107

[183] Ebd., 106

[184] Ebd., 110

[185] Vgl. Postone (Anm.27), 173

[186] Vgl. Vgl. Postone (Anm.27), 179

[187] Vgl. Marx, in: Lange (Anm. 71), 80ff

[188] Horkheimer; Adorno (Anm. 23), 52

Zivilisationsprozess und der Monopolisierung von Gewalt, eine Paradoxie in der gesellschaftlichen Entwicklung.[189] Der Staat, der das Volk durch Gewalt vor Gewalt schützen will, die Gesellschaft wiederum will ihren Mitgliedern durch Arbeit Wohlstand und Individualität bieten und erreicht durch zunehmende Rationalisierung letztlich das Gegenteil, nämlich Abhängigkeit und Entfremdung. Die Reproduktionslast zwingt das Volk in die Abhängigkeit, Subjektivität wird ihm letztlich verweigert und der Arbeiter wird zum Objekt „totaler Verfügung."[190]

Beim Adel und den Libertins bei de Sade wird Arbeit als Fessel für das Denken und die Lust angesehen, die Reproduktionslast liegt beim „blöden Volk."[191] Hier zeigen sich nicht nur Parallelen zum Bürgertum und der gesellschaftlichen Herrschaft, die Aufklärung und Vernunft negiert, sondern auch zu den Objekten bzw. Opfern in der de Sadeschen Orgie auf die im folgenden, vierten Kapitel u. a. eingegangen wird.

---

[189] Vgl. Jeng, Chih-Cheng: *Die Grundlagen des methodologischen Rationalismus im Werk Max Weber. 2003, 53ff*

[190] Böhme (Anm.65), kein Seitenzahlen

[191] Ebd., kein Seitenzahlen

Die Rationalisierung der Sexualität bei De Sade

Die Philosophie de Sades ist das Ergebnis der Notwehr seines eingekerkerten Körpers, das einzige auf das er sich in seinen langen Gefangenschaften beziehen kann.[192]

Donatien Alphonse François, Marquis de Sade wird 1740, in der Zeit massiver gesellschaftlichen Veränderungen, dem Abschluss des Zivilisationsprozesses, dem erstarkenden Bürgertum (und der Schwächung des Adels), der Aufklärung, geboren. Er führt, auch aus heutiger Sicht, ein ausschweifendes Leben und verbringt beinahe ein Drittel davon im Gefängnis. Seine literarischen Werke entstehen großteils in Gefangenschaft und sind von der im 18. Jahrhundert unterdrückten Sexualität (harter Pornographie), Verbrechen und hohem transgressiven Inhalt, geprägt.[193] Sein Leben zeigt einige Parallelen zu den Figuren und deren Geschichten in den Romanen, wobei er diese letztlich scheinbar maßlos überzeichnet und oft ins Surreale transferiert. Sade stirbt mit 74, im Jahr der Wiederherstellung der Monarchie nach der napoleonischen Herrschaft.

Sades Sichtweisen und Einstellungen sind per Definition obszön. Für die Gesellschaft in der er lebt ist er der Fremde, der nicht in die homogene ‚Wertemasse' passte.[194]

Er, als Vertreter des durch Natur legitimierten Adels, kanalisiert seinen Hass gegenüber dem aufkommenden Bürgertum und dessen moralischen Werten teilweise in seinem realen Leben, vor allem aber in seinen Werken, die aufklärerische Werte (z. B. die Säkularisierung) zwar formal vertreten, sie aber dennoch negieren und letztlich konstant weiterdenken.

Während die Pornographie im Allgemeinen „räumlich und zeitlich begrenzt" ist, sind die Ausführungen de Sades auch heute (nach dem wissenschaftlichen Diskurs seiner Werke) noch eine Art der obszönen Tangierung, für eine auf verbindlichen Werten beruhende Gesellschaft.[195] Verbindlichen Werten, die auf

---

[192] Vgl. ebd., kein Seitenzahlen

[193] Die Transgression wurde in 2.4 und im Bezug auf das aufkommende Bürgertum besprochen

[194] Vgl. Harmuth (Anm.39), 12

[195] Ebd., 12

die Moral- und Normvorstellungen des Bürgertums als Konsequenz der Aufklärung beruhen.

Die Libertins, Normbruch und Überbieten der Natur

„Das Wohlleben einer Klasse beruht auf dem Elend einer anderen Klasse", denn die „[…]Natur der Schwachen ist dazu bestimmt […] den Starken als Sklaven zu dienen."[196]

„Die Libertins definieren sich über ihre Sexualität, und über die Rechtfertigung der Sexualität durch die Natur kommt die Libertinage zur Natur als Grund allen Seins und Rechtfertigungsinstanz jeglichen Handelns." [197]

Wie de Sade selbst ist auch Nietzsche Verfechter des Gesetzes der Natur. Die Schwachen sind schuldig, da sie durch ihre „Schlauheit" das natürliche Gesetz umgehen wollen.[198] im durch die Aufklärung negierten Christentum sieht er das Mittel für den Schwachen, mit dem er sich „bekleidet".[199] Die Starken, von der Natur legitimierten (der Adel bzw. die Libertins) hingegen nutzt das ihnen von der Natur gegebene Recht den Schwächeren zu versklaven und falls „[…]der Schwache sich wehrt, so begeht er damit Unrecht[…]".[200] Das natürliche Resultat daraus ist die Gewalttat, die Grausamkeit oder die Tyrannei.[201] In dieser Aussage Nietzsches findet sich die Rolle, in der sich der Libertin bei de Sade sieht, voll bestätigt. Herrschaft und Unterdrückung gefallen als etwas positives, im Gegensatz die moralische Norm als mitleidiges Gebaren der Schwachen.[202] Für die Libertins ist es gegen die Natur (wenn überhaupt ihre einzige Autorität), die gegebene „Energie" nicht einzusetzen.[203] Die Identifizierung mit der Natur erfährt der Libertin nur durch die Herabwürdigung seines Opfers, „[…]indem er den Schrei, den er selbst nicht ausstoßen darf[…]" in ihm erzeugt.[204] Der Libertin nutzt den Körper (das Fleisch) nur als Werkzeug

---

[196] Carter, Angela: *Sexualität ist Macht. Die Frau bei de Sade,* 1983, 100 und 107

[197] Harmuth (Anm.39), 57

[198] Horkheimer; Adorno (Anm. 23), 119ff

[199] Ebd., 119

[200] Ebd., 120

[201] Vgl. Horkheimer; Adorno (Anm. 23), 120

[202] Vgl. Kant, 1905, 215, in: Horkheimer; Adorno (Anm. 23), 122

[203] Vgl. Böhme (Anm.65), kein Seitenzahlen

[204] Horkheimer; Adorno (Anm. 23), 133

unter der absoluten Kontrolle seines Geistes für den es keine Erfüllung geben darf, da sonst seine Lust erlöschen würde.[205] Hier kommt der ‚Sinn' der Transgression für die Libertins, ohne die es für sie keine Lust mehr geben würde, in 2.4 erwähnt, zum tragen. Die rationale Kontrolle seines Körpers, seiner Emotionen durch den Geist lassen die maschinenhafte Kontrolle des souveränen Libertin erkennen auf die in Unterkapitel „Rationalisierung der Sexualität am Beispiel der Orgie" eingegangen wird. Transgression kann, auf die Menschheitsgeschichte bezogen, zu gesellschaftlicher Veränderung oder Revolution führen, „...bei Sade geht des aber vielmehr um die totale Zerstörung bzw. Negierung der gesellschaftlich homogenen Konventionen, „[...]ohne daß an deren Stelle etwas Neues träte."[206] Aus den in Punkt „Verbot und Transgression" beschriebenen Normbrüchen und der detaillierten Beschreibungen dieser multiplen Tabubrüche gewinnen die Libertins ihre Lust.

Der Libertin muss unter dem Zwang der Selbsterhaltung sämtliche Gefühle kontrollieren, rational denken und handeln, er fürchtet Schwäche und Moral, hat Angst vor einnehmender Anteilnahme oder Sympathie.[207] De Sades Libertins agieren daher in einer Subgesellschaft, einer nach außen hin (räumlich) abgeschlossenen Gesellschaft mit ihren selbst aufgestellten Regeln, im eigenen „gesetzlosen Raum."[208] Hier können sie ihr „[…]radikal sexualisiertes und an Gewalt geknüpftes Verständnis von Liebe[...]", mit dem Hass auf Menschen, Religion und Natur, ausleben.[209] Sein rationales, destruktives Denken steht im Gegensatz zum von der Aufklärung propagierten Reproduktionsprozess. Foltern, Missbrauchen und Morden zeigt u .a. eine gänzlich unproduktive Sexualität (im Sinne der Fortpflanzung) als Form von sinnloser Energieverschwendung, einer Perversion des bürgerlichen Reproduktionsprozesses. Was den Libertin aber in immer tieferen Hass und letztlich gewalttätigere Grausamkeiten treibt ist seine Erkenntnis, dass er der Natur ausgeliefert ist und es ihm somit unmöglich ist gegen sie zu handeln.[210] Die Natur, die in ihrem Kreislauf alles erhalten will um es schließlich zu zerstören, beinhaltet eine Zerstörungskraft, die von den

---

[205] Böhme (Anm.65), kein Seitenzahlen

[206] Meyer (Anm.45), 41-43

[207] Vgl. Böhme (Anm.65), kein Seitenzahlen

[208] Harmuth (Anm.39), 85

[209] Ebd., 66

[210] Vgl. ebd., 93

Libertins kopiert aber vor allem überboten werden will in ihrer Grausamkeit.[211] Da sie ihr aber immanent ausgeliefert sind, arbeiten selbst die grausamsten Verbrechen und die Zerstörung aller Dinge der Natur nur zu, da sie ihr dadurch „[…] neue Anstöße zur Hervorbringung alternativer Welten[…]" zeigen.[212] Diese für die Libertins unausweichliche Tatsache fungiert einerseits als Legitimation und andererseits als Multiplikator für ihre Grausamkeiten. Sie können sich zwar „[…]zum Souverän über das lebendige Universum[…]" aufwerfen, aber nicht über die Natur herrschen da sie als Teil der Natur nur subjektloses „Instrument" sind und dadurch ihre Grenzen erfahren.[213] Das stellt den Libertin als ohnmächtig gegenüber der omnipotenten Natur dar, da er ihre Gesetze letztlich nicht brechen kann. Die Tatsache, dass der Libertin durch Auflehnung gegenüber der Natur trotzdem versucht sich durch immer größere Grausamkeiten und Zerstörungen ihr „anzunähern" oder mit ihr „eins zu werden", führt, neben den zwei bereits erwähnten Paradoxien, zu einer Dritten.[214] Einerseits legitimieren sich die Libertins ihre Macht und ihr Tun durch die Natur, andererseits versuchen sie, sie zu negieren. Harmuth erwähnt noch, dass aus dem Bewusstsein gegen die Natur zu verlieren, der „Selbstzerstörungswunsch der Libertins" erwächst, die den „Triumph der Lust am Bösen" in ihrem eigenen Tod sehen, wie auch einige von de Sades Figuren, z. B. *Juliette*.[215] Die steigende Aggression gegenüber den Schwächeren, ausgelöst durch das Ohnmachtgefühl des Adels, zeigt sich hier bezogen auf die Libertins und der für sie unüberwindbaren Natur. Durch die scheinbar uneingeschränkte Freiheit glauben sie auch die Natur schließlich überwinden zu können, doch eben diese macht sie noch mehr zu den ihr Unterlegenen. Hier zeigen sich wieder Parallelen zur Aufklärung im Bezug auf den Arbeitsprozess.

Das Verbrechen als Akkord zur Ablenkung und Aufrechterhaltung der Lust, zur Unterdrückung menschlicher Gefühle ist Bestandteil der Libertines, der de Sadeschen Philosophie.[216] Jede Orgie wird durch einen bestimmenden Libertin, der das Orgiengeschehen im Auge hat, überwacht und kontrolliert.

---

[211] Vgl. Böhme (Anm.65), kein Seitenzahlen

[212] Böhme (Anm.65), kein Seitenzahlen

[213] Ebd., kein Seitenzahlen

[214] Harmuth (Anm.39), 94

[215] Harmuth (Anm.39), 96-97

[216] Vgl. Böhme (Anm.65), kein Seitenzahlen

Hemmungslose Leidenschaft und ausschweifende Gefühle werden unterdrückt. Die Selbstkontrolle der Libertins kann als Zeichen der Rationalität ihres Verhaltens und Denkens gewertet werden. Die Analogie der gewalttätigen, pornographischen Orgie bei de Sade zur rationalen Arbeitswelt, dem Arbeitsprozess wird zunehmend erkennbar und im folgenden Unterkapitel noch deutlicher aufgezeigt.[217]

Rationalisierung der Sexualität am Beispiel der Orgie

Anhand der Orgien der sadeschen Romane werden die Parallelen der immanenten Sexualität und des Verbrechens zur, vom rationalisierten Arbeitsprozess und der Maschine durchdrungenen, Arbeitswelt deutlich. Harmuth konstatiert, dass die durchrationalisierte, libertine Orgie als Analogie zur durchdachten Maschine, die von „Spezialarbeitern" überwacht wird betrachtet werden kann.[218] Böhme ergänzt, dass sexuelle „Freiheitsträume" durch den Zwang der Kontrolle im Keim erstickt werden.[219]

Der Charakter der Orgie und der erotischen Literatur im, lebt von der Spontanität der sexuellen Handlung. Anarchische Ausschweifungen und unkontrollierte Leidenschaft werden gemeinhin mit dem Akt verbunden. In der libertinen Subgesellschaft, den räumlich abgegrenzten Bereichen herrschen Normen und Regeln, nämlich die der durch de Sade beschriebenen, (in einer dem Fabrikalltag gleichenden Metaphorik) absolut durchgeplanten und organisierten Form der Sexualität, der Orgie. Trotz der besagten Abgrenzung bleibt die hierarchische Klassengesellschaft auch in den Lustschlössern vorhanden, es gibt die Libertins, die Erzählerinnen, Kupplerinnen, Assistenten und schließlich die Opfer.[220] Die multiple Transgression manifestiert sich in der Tatsache, dass in den Orgien schlichtweg eine ‚Neutralisierung' der damals herrschenden Moral stattfand, deren Übertretung im 18. Jahrhundert gesellschaftlich geächtet und unter Strafe gestellt war.[221]

---

[217] Ebd., kein Seitenzahlen

[218] Vgl. Harmuth (Anm.39), 139

[219] Böhme (Anm.65), kein Seitenzahlen

[220] Vgl. Harmuth (Anm.39), 135-138

[221] Vgl. Meyer (Anm.45), 166

Die de Sadeschen Orgien sind generell niemals spontan, sondern im Vorhinein penibel durchgeplant, sie unterliegen „[…]rationalem Kalkül und sind dementsprechend durchorganisiert."[222] Der souveräne Libertin identifiziert sich durch die Kontrolle seines Fleisches, seiner sexuellen Körperfunktionen durch seinen rationalen Geist. Eine Ausschweifung, ein Kontrollverlust innerhalb der Orgie wäre ein Versagen und ein Eingeständnis für ihn, die „[…]rationale Kontrolle über seine körperlichen Empfindungen und seine Emotionalität verloren[…]" zu haben.[223] Für die Kontrolle und um ggf. lenkend einzuschreiten gibt es immer einen Libertin, der das gesamte Geschehen überwacht und leitet.[224] Die Orgie wird folglich stillschweigend und apathisch ausgeführt, keine Gefühlsregungen, keine Laute oder unkontrolliertes ‚Geficke' werden toleriert.[225] Diese strikte Ordnung zeigt; in den durchorganisierten Tagesabläufen, die Ablaufpläne über die jeweiligen Rollen, Aufgaben, die Kleidung, Essen und den Stuhlgang der Teilnehmer beinhalten, viele Parallelen zur Schichtarbeit die durch das Produkt (den Orgasmus bei der Orgie) abgeschlossen wird.[226] Angela Carter geht in der Verbindung von Körperfunktion und Arbeitsprozess bzw. dem Produkt daraus weiter auf die Koprophagie ein, da die „Ausscheidungstätigkeiten der Opfer" einer strengen Reglementierung unterworfen sind.[227] Die Libertins errichten eine Art Monopolherrschaft über unwillkürliche Körperfunktionen, die Carter u.a. weiter mit der Ausscheidung eines Kindes als erstes „konkretes Produkt" und somit erste Erfahrung mit dem Produktionsprozess begründet.[228] Diese Theorie soll erwähnt, aber nicht weiter ausgeführt werden. Während der Orgie selbst kommt es immer wieder zu angeleiteten Stellungswechseln die wortlos ausgeführt werden, ebenso wie zu geplanten Erholungspausen „vor, zwischen und nach" der Orgie, um zu Essen und sich auf die nächste Phase vorzubereiten.[229] Angela

---

[222] Harmuth (Anm.39), 135

[223] Ebd., 136

[224] Beispiele hierfür: "Los, los, alle Ärsche ans Licht" befiehlt Gernande. - "Es muß schon etwas Ordnung in die Sache kommen, Onkel", sagt Bressac. - "Nur zu, meine Freunde, mir scheint, dieses Arrangement ist sehr gelungen. Jetzt arbeitet im Takt!", aus: *D. A. F. Marquis de Sade: Ausgewählte Werke in drei Bänden*, Marion Luckow (Hrsg.), Hamburg, 1962-65

[225] Vgl. Harmuth (Anm.39), 136

[226] Vgl. ebd., 136

[227] Carter (Anm. 116), 111

[228] Carter (Anm. 116), 110f

[229] Harmuth (Anm.39), 140

Carter beschreibt weiter die de Sadesche Welt als „Modell der Welt", mit ihrer „Ware-gegen-Geld-Struktur", da die Orgienteilnehmer bzw. die Opfer in die Behausungen der Libertin eingekauft werden und somit prostituieren.[230] Das Bild des „[...]operablen, maschinenhaft funktionierenden Subjekts[...]" wird bei Sade in der exakt durchgeplanten Orgie deutlich, damit nimmt de Sade die Betrachtung des Arbeiters in der Industrialisierung vorweg.[231] Sade belegt die Sexualität mit einer Mechanisierung, die letztlich zur Entsubjektivierung derselben führt.[232] Durch die ständige Erweiterung und den Ausbau der sexuellen Handlungen in Form von Folter- und Lustmaschinen werden Parallelen zur ständigen Effektivitätssteigerung und Optimierung von Maschinen und Arbeitsprozess deutlich.[233] Roland Barthes fasst den maschinenhaften Charakter wie folgt zusammen: „Die Orgie wird wie eine Schicht in der Werkhalle organisiert, eingeteilt, befohlen, überwacht[...]".[234] Weitere Analogien zur Schichtarbeit und Arbeit als rationalisierter Prozess zeigen sich auch in der Betrachtung der Teilnehmer der Orgie. Es gibt das bestimmende Subjekt in Gestalt der Libertin und die unterworfenen Objekte, die Werkzeuge, in Form der Opfer. Alle sind Zahnräder und Schrauben einer „erotischen Maschine" de Sades, jeder hat seine Aufgabe die er emotionslos verrichten muss, die Opfer der Libertin werden zu austauschbaren Objekten die nur dem Zweck der Verrichtung dienen.[235] Die Subjekte in Form der Libertins unterscheiden sich durch ihre selbstreflexiven Äußerungen zu ihren, bis auf die Schreie, stummen Opfer.

Die Souveränität des Libertin wird hergestellt indem er sich durch seine Rationalisierung vom eigenen Körper durch den Einsatz des Bewusstseins emanzipieren und steuern kann.[236] Das rational-räsonierende, die Sprache der Libertins unterscheidet sie von ihren schreienden und damit emotionalen Opfern.[237] Auch die Zahl wird von de Sade bewusst im Orgiengeschehen

---

[230] Carter (Anm. 116), 106

[231] Heitmüller (Anm.37), 97

[232] Vgl. Böhme (Anm.65), kein Seitenzahlen

[233] Vgl. Harmuth (Anm.39), 142

[234] Barthes, 1974, 143, in Harmuth (Anm.39), 60

[235] Vgl. Carter (Anm. 116), 182

[236] Vgl. Böhme (Anm.65), kein Seitenzahlen

[237] Vgl. Harmuth (Anm.39), 143

aufgegriffen und damit negiert, indem er die verschwenderische Sexualität als ein Tabu der Aufklärung mit dem Sinnbild der Rationalität zusammenbringt. Dadurch wird Sexualität quantifiziert indem beispielsweise „[...]penibel-exakte Maßangaben zu Penislängen und Kopulationsfrequenzen[...]" durch die Libertins artikuliert werden.[238]

„Die Distanz des Subjekts zum Objekt, Voraussetzung der Abstraktion, gründet in der Distanz zur Sache, die der Herr durch den Beherrschten gewinnt."[239] Durch diese Aussage von Adorno und Horkheimer wird bekräftigt, dass es für den Libertin keine wirkliche Verbindung zwischen den Menschen geben kann, sondern nur ein Subjekt und das ihm unterworfene Objekt, durch die Natur legitimiert, manifestiert in der Vernichtung des Objekts durch Mord als radikalste Trennung der beiden.[240]

Adorno und Horkheimer führen bei der Betrachtung der sadeschen Orgie das Beispiel der „modernen Sportsriege" an.[241] Jedes Mitglied hat seine bestimmte Rolle die ggf. durch einen Ersatzmann weitergeführt werden kann. Sie konstatieren den reinen Selbstzweck der Verrichtung, die als „Aktivität schwerer als ihr Inhalt" wiegt, da der rationalisierte Betrieb der Orgie „[...]die vom inhaltlichen Ziel verlassene Organisation des gesamten Lebens[...]" in einer entmythologisierten Epoche ankündigt.[242] Hier lässt sich wiederum eine Verbindung bezüglich der intendiert entmythologisierten Sexualität bei de Sade und der gesellschaftlich beherrschten Arbeitswelt herstellen.

Während in der Gesellschaft, die de Sade verachtet, die Arbeit zur Selbsterhaltung und Anhäufung von Ressourcen verrichtet wird, bilden die verschwenderischen Orgien und Verbrechen seiner wollüstigen, dem Selbstzweck verfallenen Libertins, eine Perversion der bürgerlichen Vernunft.[243] Die Libertins sind zwar von Arbeit befreit, dennoch wird letztlich durch hochrationale Abläufe in einem verschwenderischen Prozess ein Produkt durch den Einsatz von Produktionsmitteln (den Opfern als austauschbaren Objekten),

---

[238] Meyer (Anm.45), 163

[239] Horkheimer; Adorno (Anm. 23), 29-30

[240] Vgl. Böhme (Anm.65), kein Seitenzahlen

[241] Horkheimer; Adorno (Anm. 23), 107

[242] Ebd., 107-108

[243] Vgl. Heitmüller (Anm.37), 96

der Orgasmus, erzeugt. Die Libertins agieren als die Arbeiter de Sades. In der abschließenden Betrachtung der Analogieanalyse, bevor auf die letztlich konsequent Aufklärung bzw. deren Vollendung durch de Sade eingegangen wird, ist zusammenfassend zu sagen, dass die Libertins wie emotionslose, funktionierende Maschinen agieren indem sie die Orgie apathisch und ruhig vollziehen, durchgeplante Abläufe einhalten und das Geschehen rational-selbstreferentiell wiedergeben und ggf. bestimmen.[244]

Kritik, Negierung und Vollendung der Aufklärung

„Heute beherrschen wir die Natur „in unserer bloßen Meinung", sind aber trotzdem immer noch ihren Zwängen unterworfen, der Verstand (der den Aberglauben besiegt) soll über die entzauberte Natur herrschen.[245]

Adorno und Horkheimer sehen in der Aufklärung den beschriebenen Massenbetrug.[246] Die Aufklärung hat letztlich „[…]ihrer eigenen Verwirklichung entsagt", sie hat sich mit der „Preisgabe des Denkens" (in Form von rationalisierte Natur, Mathematik, Maschine) am „vergessenden Menschen" gerächt.[247] Durch die fehlgeleitete Vernunft hat sich der Mensch, der von der Abhängigkeit der Mythologie durch Aufklärung entkommen wollte, in die Selbstentäußerung und Entfremdung, aus dem Trieb der Selbsterhaltung und der Hoffnung auf Selbstverwirklichung begeben. Die Aufklärung fällt hier in Mythologie zurück aufgrund der Furcht vor der Wahrheit, des Scheiterns.[248]

De Sade erkennt diese soziale und geistige Problematik der Aufklärung da sein Werk den „mythologischen Charakter der Prinzipien", auf den sich auch nach der Aufklärung die Zivilisation begründet, aufdeckt und negiert.[249] Diese Prinzipien finden sich vor allem im beschriebenen Bürgertum und den erwähnten Moralvorstellungen, Werten, Gesetzen und Verboten wieder. Beispielhaft hierfür ist das im 18. Jahrhundert sich festigende Familienidyll, das

---

[244] Vgl. Harmuth (Anm.39), 142

[245] Horkheimer; Adorno (Anm. 23), 20

[246] Vgl. ebd., 141

[247] Ebd., 58-59

[248] Vgl. ebd., 14-15

[249] Ebd., 136

von de Sade durch seine Inzest und Missbrauchsbeschreibungen vollkommen negiert wird um die „hirngespinstigen" Bande zu zerreißen da sie nichts zählen und nur eine Scham, eine von Menschen erdachte Moralvorstellung, darstellen.[250] Die Bewusste Kontrolle und Trennung von Geist und Körper, von Mythologie und Rationalität, wie sie vom Libertin in der beschriebenen Orgienpraxis Anwendung findet kennt keine einschränkenden bürgerlichen Normen, denn Faktoren wie Einfühlung, sympathische Kommunikation und Liebe stören die erstellte Ordnung massiv.[251] Die Aufklärung bekennt sich zur Rationalität, zum wissenschaftlichen Erklärbaren. Das Gute aber, vom Bürgertum propagiert, ist Mythos weil nicht greifbar, nicht existent im Gegensatz zum Bösen, das greifbar ist.[252] Somit lässt sich aus der Vernunft kein grundsätzliches Argument gegen Mord finden, diese Argumentationsschwäche nutzt de Sade als Legitimation für das Morden und die anderen Verbrechen in seinen Werken und verbreitet seine Erkenntnis dadurch in der Welt der Aufklärung.[253] Daraus festigt sich ein Bild von Sade als schonungsloser Aufklärer, der gegen die mythologischen Aufklärungsargumente des Bürgertums ankämpft. In der oft bemühten Legitimationsgrundlage de Sades, der Natur, erkennt Sade als einziger im Rahmen der Aufklärung des 18. Jahrhunderts, dass diese auch den Egoismus, die Tyrannei und das Verbrechen beinhaltet.[254] Eine allgemeingültige, vorgeschriebene Moral, durch Menschen geschaffen, ist somit gegen die Natur und Lebensbedingungen der Menschen, also nicht legitim. Die de Sadeschen Libertins sind souveräne Subjekte, von absolutem Selbstbewusstsein durchdrungen, wie von der Aufklärung ursprünglich intendiert. Hierzu bemerken Adorno und Horkheimer: „Das Werk des Marquis de Sade zeigt den ‚Verstand ohne die Leitung eines anderen', das heißt, das von Bevormundung befreite bürgerliche Subjekt."[255] De Sade bezieht im Gegensatz zu klassischen Aufklärung, die nur die „Stimme die allgemeine Vernunft und Moral" zulässt", seine Philosophie durch deren Negation.[256] Die

---

[250] Vgl. Böhme (Anm.65), kein Seitenzahlen

[251] Vgl. Böhme (Anm.65), kein Seitenzahlen

[252] Ebd., kein Seitenzahlen

[253] Horkheimer; Adorno (Anm. 23), 139-140

[254] Vgl. Beauvoir (Anm.66), keine Seitenzahlen

[255] Horkheimer; Adorno (Anm. 23), 106

[256] Böhme (Anm.65), kein Seitenzahlen

selbstbewussten Libertins sind in ihren Orgien immer Herr ihrer Gedanken und ihres Fleisches, außerdem räsonieren sie rational, wie beschrieben, über ihre Taten und Vorhaben zu jeder Zeit, im ansonsten ruhigen Geschehen. Die Gewalt wird nicht durch die Arbeit (bzw. durch die Arbeitsprozessstruktur in der Orgie) unterdrückt, sondern kontrolliert verrichtet, parallel zur Sexualität. Gewalt ist vielmehr absolut immanent in der libertinen Sexualität und somit untrennbar mit de Sades Aufklärung verbunden, da auch sie dem Prozess der Logik (analog zur Sexualität) unterworfen ist. Trotzdem liegt das Monopol der Anwendung, in psychischer oder physischer Form, auf Seiten der (naturlegitimierten) Libertins. Die erwähnte, permanente Selbstreflexion der de Sadeschen Protagonisten unterstreicht die These Heitmüllers, dass „Dialektik [...] bei Sade gelebte Realität in jeder Sekunde [ist]."[257] De Sade kann letztlich als Aufklärer im Sinne von Kant und Nietzsche gesehen werden, da er sowohl alte als auch neue Ordnung durch seine Werke tangiert, wobei er „[...]die abgründigsten Leidenschaften des Menschen dem Diskurs der Logik[...]" unterwirft und somit die Aufklärung vollendet.[258]

---

[257] Heitmüller (Anm.37), 97

[258] Ebd., 97

Schlussbetrachtung

Der Marquis de Sade, der als konsequenter Vollender der nihilistischen Selbstzerstörung der aufgeklärten Vernunft in Erscheinung tritt, übt, indem er sie „über sich selbst entsetzen" lässt, kompromisslose Kritik an der praktischen Vernunft im Sinne der Aufklärung.[259] Die untrennbare, de Sadesche Kombination von Gewalt und Sexualität ist für die Menschen, die nach der Gewaltmonopolisierung und der weitgehenden Unterdrückung ihrer Sexualität durch die Normen des Bürgertums, wahrscheinlich deshalb von derart hoher Brisanz, da sie sich durch die Beschreibungen de Sades an ihr eigene unterdrückte Natur zurück erinnern. Nach Jahrhunderten der Eindämmung der Triebe und Instinkte sehen sie sich mit ihrer ungezügelten Natur wieder konfrontiert. Die Intoleranz, die de Sades Werk entgegengebracht wurde zeigte nur zu deutlich, dass die Aufklärung vor ihm (und den erwähnten anderen) noch nicht vollendet oder vielleicht sogar fehlgeschlagen war. De Sade artikuliert seine Gedanken, den Hass und die Ängste, die er vor dem Bürgertum und dem einhergehenden Verfall der Existenzgrundlagen des Adels hat durch seine Figuren in Verkörperung der souveränen Libertins. Diese reagieren auf ihre beschriebene Weise gegen die Bedrohung und die Erosion ihres Standes. Nicht nur von de Sade aus gibt es Kritik an der bürgerlichen Kultur, auch in der Spätaufklärung wird diese formuliert, da sich jeder „Grad von Fortschritt" auch „[…]konsequenterweise zugleich als ein neuer Grad der Entfernung von der Natur[…]" bestimmt.[260] De Sade tritt in seinen Werken, durch seine Libertins, für eine radikal entmythologisierte und absolut rationale Welt ein. Dadurch könnte er letztlich mehr zum souveränen, selbstbewussten Menschen beigetragen haben als die klassische Aufklärung, die sich ihren eigenen Vorgaben entsprechend, nie konsequent verwirklicht hat. Indem er die formalen Ziele der Aufklärung nutzte und ihre damit den besagten Spiegel vorhielt, erscheinen de Sades Umsetzungen aufgrund ihrer gewaltsamen, menschenverachtenden Praktiken auf den ersten Blick zweifelhaft und verwerflich. Auf den zweiten, wissenschaftlichen Blick aber, führt er die Logik, die Rationalität und die Entmythologisierung im Sinne der Aufklärung kompromisslos fort und schlägt sie mit ihren eigenen Waffen.

---

[259] Horkheimer; Adorno (Anm. 23), 139

[260] Wuthenow, 1984, 30, in: Maasen (Anm.35), 372

Literaturverzeichnis:

1. Anter, Andreas: Max Webers Theorie des modernen Staates. Herkunft, Struktur und Bedeutung. Duncker & Humblot, Berlin, 1995

2. Bataille, Georges: Die Erotik. In: Batailles, Georges: Das theoretische Werk in Einzelbänden. Bergfleth, Gerd (Hrsg.), Matthes & Seitz Verlag, München, 1994

Originalausgabe:

Les Éditions de Minuit, Paris, 1967

3. Bataille, Georges: Die Aufhebung der Ökonomie. In: Batailles, Georges: Das theoretische Werk in Einzelbänden. Bergfleth, Gerd (Hrsg.), Matthes & Seitz Verlag, München, 2. erweiterte Auflage, 1985

Originalausgabe:

Batailles, Georges: L'érotisme. Les Éditions de Minuit, Paris, 1957

4. Beauvoir, Simon de: Soll man Sade verbrennen?. In: Les temps modernes, 1951/1952 (keine Seitenzahlen)

5. Böhme, Hartmut: Natur und Subjekt. Frankfurt am Main.

Essay unter: http://www.culture.huberlin.de/hb/static/archiv/volltexte/texte/natsub/sade.html

Stand: 10.07.2007, 1988 (keine Seitenzahlen)

6. Carter, Angela: Sexualität ist Macht. Die Frau bei de Sade. Rowohlt Taschenbuch Verlag, Hamburg, 1983

Originalausgabe:

Carter, Angela: The Sadeian Woman. Virago Limited London, 1979

7. Elias, Norbert: Über den Prozeß der Zivilisation. Soziogenetische und psychogenetische Untersuchungen. Zweiter Band. Wandlungen der Gesellschaft. Entwurf zu einer Theorie der Zivilisation. Suhrkamp Taschenbuch Verlag, 1979

8. Fiedler, Markus: Max Weber und der Sozialismus. Wissenschaftlicher Verlag Berlin, Berlin, 2004

9. Jeng, Chih-Cheng: Die Grundlagen des methodologischen Rationalismus im Werk Max Webers. Universität Bonn, 2003

10. Harmuth, Melanie: Zur Kommunikation von Obszönität. Der Fall de Sade. Von Aar, Edgar (Hrsg.), D. H. H. Driesen Verlag, Taunusstein, 2004

11. Heitmüller, Elke: Zur Genese sexueller Lust. Von Sade zu SM. Konkursbuch Verlag Gehrke, Tübingen, 1994

12. Horkheimer, Max ; Adorno, Theodor W.: Dialektik der Aufklärung. Philosophische Fragmente. Tiedemann, Rolf (Hrsg.), Suhrkamp Verlag, Frankfurt am Main, 2. Auflage, 1984

13. Lange, Ernst Michael: Das Prinzip Arbeit. Drei metakritische Kapitel über Grundbegriffe, Struktur und Darstellung der „Kritik der Politischen Ökonomie" von Karl Marx. Ullstein, Frankfurt am Main; Berlin; Wien, 1980

14. Marx, Karl; Engels, Friedrich: Das Kapital. Dietz Verlag, Berlin/DDR, 1968

15. Maasen, Sabine: Die Genealogie der Unmoral. Zur Therapeutisierung sexueller Selbste. Suhrkamp Verlag, Frankfurt am Main, 1998

16. Meyer, Ronald: Sexualität und Gewalt. Formen und Funktionen der Sexualität in der Fiktion und Biographie des Marquis de Sade. Richter, Karl / Sauder, Gerhard / Schmidt-Henkel, Gerhard (Hrsg.), Röhrig Universitätsverlag, Saarbrücken, 1999

17. Postone, Moishe: Zeit, Arbeit und gesellschaftliche Herrschaft. Eine neue Interpretation der kritischen Theorie von Marx. ca ira-Verlag, Freiburg, 2003

Annika Wakup (2004): Die Ästhetisierung des Bösen: Marquis de Sade

Einleitung: D.A.F. Marquis de Sade

Der Marquis de Sade ist berühmt und berüchtigt. Er steht für die Glorifizierung der Immoralität, die Abkehr von der Tugend, eine Vielzahl von Texten, die selbst den abgebrühtesten Leser noch erröten lassen, und natürlich eine ganz eigene Spielart der Sexualität.

Auch heute noch, fast 200 Jahre nach seinem Tod, lässt diese Person die Menschen nicht unberührt und auch wenn seine Werke mittlerweile in die kulturgeschichtliche und literaturwissenschaftliche Forschung eingegangen sind, so polarisiert D.A.F Marquis de Sade immer noch wie kaum ein anderer.

Waren es seine Schriften, in denen jedes Tabu gebrochen wird oder war es die Person des Marquis selbst, er, der von untugendhaften Leidenschaften verzerrt war und insgesamt 31 Jahre seines Lebens eingekerkert oder in Irrenhäusern verbrachte? Und was genau ist es denn nun in seinen Texten, das von jeher die Menschen faszinierte und abstieß?

In dieser Arbeit werde ich im Folgenden untersuchen, was genau an D.A.F. Marquis de Sade schockiert und fasziniert, welchen Einfluss er und seine Literatur auf die Décadence hatten und inwieweit man von einer Ästhetisierung des Bösen sprechen kann.

Am Ende wird festzustellen bleiben, ob der Marquis einfach nur ein wahnsinniger Grenzüberschreiter war, oder ob in seinen Werken sogar satanistische Tendenzen zu finden sind.

Fin de siècle und Décadence: Begrifflichkeiten

Die Literatur über die Definitionen von Fin de siècle ist ebenso mannigfach wie divergierend und unterliegt der Vagheit, die ein leidliches Problem beim Festlegen von Epochen und Strömungen ist. Generell wird als Fin de Siècle ein Zeitraum beschrieben, der das ausgehende 19. Jahrhundert bezeichnet und über die Jahrhundertwende bis zum Beginn des zweiten Weltkrieges gerechnet wird. Der Begriff Décadence bezeichnet die kulturellen Strömungen und insbesondere die Literatur dieses Zeitraumes. Charakteristika der Dekadenz-Literatur waren eine bewusste Abkehrung vom Naturalismus und die Auflösung bis dahin geltender traditioneller Erzählverfahren. Darüber hinaus beinhaltete die Décadence meist eine hohe Künstlichkeit und besonders beliebt war die Niedergangsthematik.

Mit Niedergangsthematik ist insbesondere die Auflösung gesellschaftlicher Normen und eine Lust, die Grenzen des Schicklichen zu überschreiten gemeint. Im Verlauf dieser Arbeit wird noch einmal ausführlich hierauf eingegangen werden. Die Décadence war eine europäische Bewegung, die besonders Frankreich, England, Belgien, Deutschland, Italien, Österreich und Spanien beeinflusste.[261]

Die Décadence und Sade: der Mythos

Entgegen der weitläufigen Meinung, dass die Rezeption des Werkes de Sades erst im 20. Jahrhundert an Bedeutung gewann, erfreute sich der sogenannte „divin marquis" bei den zeitgenössischen Autoren der Décadence großer Beliebtheit. Seine Werke – obwohl zumeist noch zensiert und verboten – waren aufgrund von Raubkopien und einer Verbreitung über das Ausland bekannte und begehrte Sammlerstücke. Schon immer erhöhte der Reiz des Verbotenen die Nachfrage nach illegaler Literatur, und speziell de Sades Werke, deren Buchcover zumeist mit plakativen Illustrationen von Folterinstrumenten verziert waren, umgab eine Aura des Verruchten. Es war folglich für jeden interessierten Leser kein Problem, sich mit der Literatur de Sades vertraut zu machen.

---

[261] Beilharz, Alexandra: Die Décadence und Sade. Untersuchungen zu erzählenden Texten des französischen Fin de Siècle. Stuttgart: M und P, Verlag für Wissenschaft und Forschung 1996.

Auch das Leben des Marquis faszinierte die Menschen des 19. Jahrhunderts, und als Vorreiter einer Welle von biographischen Texten prägte besonders ein 1843 erschienener Aufsatz von Jules Janin das Bild de Sades.

Diese Schrift, die fast schon romanhaften Charakter hatte, beschäftigte sich intensiv mit der Familie de Sades und insbesondere mit Laura della Nova, die – und dies ist in der Forschung höchst umstritten – die von Petrarca Angebetete war. Der Biograph konstruierte in seiner Schrift eine vollkommen reine, nahezu heilige Laura, neben der der lasterhafte Charakter des Marquis de Sade noch düsterer und verdorbener erschien. Auch später erschienene Biographien änderten nichts mehr an diesem Bild, das die Gesellschaft sich vom Marquis de Sade gemacht hatte.[262]

Die Décadence und Sade: die Ästhetisierung des Bösen

Wie bereits erwähnt, zeichnete sich die Dekadenz-Literatur durch eine Niedergangsthematik aus, die besonders auf dem Überschreiten und Außerkraftsetzen gesellschaftlicher Werte und Normen beruhte. Nach dem Motto „l'art pour l'art" wurde das Böse, Verbrecherische und Hässliche aufgewertet und ästhetisiert. Dies hatte eine Auflösung der traditionellen Gleichsetzung von „gut" mit „normal" und „böse" mit „anormal" zur Folge und führte somit zu einer allgemeinen literarischen Immoralität.

Was ergo als Verneinung der moralischen Konventionen und gesellschaftlichen Normen begann, gipfelte schließlich in einer regelrechten Suche nach Grenzüberschreitungen und einer Glorifizierung des Unmoralischen. Das Resultat dieser Entwicklung ist, das die Décadence zumeist als unnatürlich und pervers im Bezug auf Werte, Sexualität und auch Religion angesehen wurde und wird. Der Marquis de Sade erfüllte jedes Kriterium der Immoralität. Seine Literatur ist ein Tummelplatz der Abscheulichkeiten und Perversionen:

Es gibt Nonnen und Mönche, die nur auf ihr sexuelles Vergnügen bedacht sind, Staatsbedienstete, die willkürlich Haftbefehle ausschreiben und sich an der

---

[262] ebd.

Staatskasse bereichern, Väter, die ihre Töchter entjungfern, Töchter, die ihre Väter nach dem Beischlaf umbringen und Söhne, die ihre Mütter vergewaltigen.

Es gibt Giftmorde, Lustmorde, Rachemorde und ein ganz allgemeines Vergnügen an Verbrechen jeglicher Art. Dazu kommen noch Kannibalismus, Homosexualität und Promiskuität und so ziemlich jede sexuelle Perversion, die man sich ausmalen kann (z. B. Nekrophilie).

Über seine Schriften hinaus faszinierte – wie bereits erwähnt – vor allem auch die Persönlichkeit des Marquis, denn er war wie seine Texte. Er schrieb während der Jahre seines Lebens, die er eingesperrt verbrachte und er schrieb, um seine Phantasien zu verwirklichen – wohlgemerkt Phantasien, die er in Freiheit auf seinem Schloss ausgelebt hatte (auch wenn er immer betonte, kein Mörder zu sein). Es war das Denken de Sades, das so entsetzte.

Ein Grundgedanke des 18. Jahrhunderts war, dass alle Menschen von Natur aus gleich sind. De Sade hat auf Basis dieses Gedankens gleich zwei Überzeugungen vertreten, die eigentlich widersprüchlich sind.

Zum einen war er der Meinung, dass die Natur diese Gleichheit nicht will, sie es de facto in der Gesellschaft nicht gibt. Es existieren Klassenunterschiede in der Gesellschaft und darum ist die Unterteilung in starke und schwache Menschen gewollt.[263]

Andererseits hat der Marquis jedoch auch die These vertreten, dass die Natur die Gleichheit aller Menschen beabsichtigt hat, sie jedoch in der Praxis nicht verwirklicht wurde und es daher an jedem einzelnen Menschen liegt, diese Ungleichheit durch Verbrechen auszugleichen.[264]

Des Weiteren vertrat de Sade die Theorie der „absoluten Einsamkeit". Jeder Mensch kommt als einzelnes Wesen zur Welt und daher ist es nicht vorgesehen, dass wir uns in zwischenmenschliche Beziehungen fest binden. Nur der Mensch kann wirklich glücklich sein, der den unumschränkten Egoismus lebt. Und nur der Mensch, der sich von der Tugend abwendet, kann wirklich egoistisch sein. Demzufolge ist das Verbrechen der einzige Weg zum Glück. Dies ist auch nicht ungerecht, da auf Basis der „absoluten Einsamkeit" jeder Mensch allein für sein Glück verantwortlich ist und so, wie ich zu meinem Vergnügen meinen

---

[263] Dühren, Eugen: Neue Forschungen über den Marquis de Sade und seine Zeit. Berlin: Harrwitz Verlag 1904.

[264] Blanchot, Maurice: Sade. 2. Auflage. Berlin: Henssel Verlag 1986.

Nachbarn umbringen kann, könnte dieser es auch mit mir tun.[265] Zudem war de Sade absoluter Atheist und dieser Atheismus war nicht nur ein Nicht-Glauben, sondern vielmehr eine Herausforderung. Eine Anekdote erzählt, wie der Marquis einer Prostituierten beim Geschlechtsverkehr zwei Hostien in die Scheide gesteckt und gesagt hat: „Wenn du Gott bist, so räche dich."[266]

Die Philosophie de Sades stellte das gesamte christliche Weltbild in Frage, da sie Gut und Böse umkehrte und die Existenz eine Gottes bezweifelte.

Der Marquis de Sade, in seinem Leben und seinen Schriften, war für die Dekadenz-Bewegung ein Symbol des Niedergangs, der Gott der größten und unvorstellbarsten Perversionen.

Die Décadence und Sade: der Marquis als Bildgeber

Um die Ansprüche der Leserschaft zu befriedigen, die sich an immer höhere Ebenen der Immoralität gewöhnt hatte, mussten die Autoren der Décadence das Böse und Grausame systematisch für die Literatur verwerten. Hierbei dienten die Werke des Marquis de Sade als Vorlage.

Eines der bekanntesten Motive in de Sades Literatur ist die verführte Unschuld, die „femme fragile", die alle Pein und Leiden erdulden muss, während die zu ihr in Opposition stehende „femme fatale" lasterhaft, stark und siegreich über sie und ihre Tugend triumphiert. Das Bild der verführten Unschuld in der Literatur ist nicht neu – Goethes Gretchen, Lessings Emilia Galotti, die Madame de Tourvel in Choderlos de Laclos' „Les liaisons dangereuses"; um nur einige Beispiele zu nennen – doch mit de Sades Geschichte um die unglückliche Justine hat das Leiden eine neue Dimension bekommen.[267] Grausamer, direkter, hartherziger und unverblümter als je zuvor musste die junge Tugendhafte Verbrechen, Vergewaltigungen, Misshandlungen und schließlich den Tod erdulden – nicht umsonst findet der Sadismus seine etymologischen Wurzeln in dem Namen des berühmten Marquis.

---

[265] Ebd.

[266] Nachwort von Marion Luckow in: Marquis de Sade: Justine oder vom Missgeschick der Tugend. München: Ullstein Taschenbuchverlag 2002.

[267] Praz, Mario: Liebe, Tod und Teufel. Die schwarze Romantik. 2. Auflage. München: dtv Wissenschaft 1981.

Zahlreiche Autoren der Décadence, wie Elémir Bourges, Jean Lorrain oder Berthe Soirès verwendeten in ihren Werken das Motiv der von de Sade geprägten „femme fragile".[268]

Ein weiteres Motiv, welches die Autoren der Décadence bei de Sade entlehnten ist die Polarisierung von Gut und Böse, wobei natürlich die Tugend unterliegen muss.

De Sades Paradebeispiel hierfür ist wohl unbestreitbar wiederum sein Werk über die zwei ungleichen Schwestern Justine und Juliette, doch auch an zahlreichen anderen Textstellen finden sich noch weitere Gegenüberstellungen des Guten und Bösen.

---

[268] Die „femme fragile" als dekadente Justine in: Beilharz, A.: Die Décadence und Sade.

Karl Rosenkranz: Ästhetik des Hässlichen

Die zunehmende Ästhetisierung des Hässlichen in der Dekadenz-Literatur lässt sich besonders in einer theoretischen Schrift nachvollziehen. Bereits 1853 verfasste Karl Rosenkranz, die „Ästhetik des Hässlichen", ein Werk, das im Gegensatz zu allen bisherigen Ästhetik-Diskursen stand, beziehungsweise eine Erweiterung derselben war: Zum ersten Mal wurde explizit das Hässliche als Teil der Ästhetik behandelt. Ebenfalls zum ersten Mal wurde den höchsten Formen des Hässlichen eine Faszination zugebilligt und statt – wie noch bei Hegel – als nur abstoßend und moralisch verwerflich zu gelten, wurden sie zugleich als ästhetisch reizvoll und anziehend angesehen.

Rosenkranz ist der Überzeugung, dass, wenn die Krankheit ein Teil der Medizin, das Böse ein Teil der Ethik und die Sünde ein Teil der Religionswissenschaften ist, das Hässliche dann auch unbedingt ein Teil der Ästhetik sein muss. Es ist die Dualität aus Anziehen und Abstoßen, die den Reiz der neuen Ästhetik ausmacht und – um wieder einen Bogen zu de Sade zu schlagen – es ist eben diese Mischung aus Faszination und Abscheu, die die Menschen in der Décadence zu den Texten des Marquis gezogen hat.

Das Hässliche als Negierung des Schönen

Im Gegensatz zu dem Schönen, das absolut ist und durch sich selbst bestimmt wird, kann das Hässliche nur in Abhängigkeit existieren. Es ist relativ, da es als Voraussetzung seiner Existenz das Schöne als positive Bedingung benötigt. Es muss etwas geben, das allgemein als schön und gut definiert ist, denn nur dann kann auch etwas existieren, das eine Negierung ebenjenen darstellt und als hässlich und böse angesehen wird. Das Hässliche kann folglich als das „Negativschöne" bezeichnet werden, das natürliche Gegenteil des Schönen.

Wie bereits erwähnt, war die Niedergangsthematik ein beliebtes Motiv der Décadence und dies beinhaltete die Überschreitung gesellschaftlicher und moralischer Werte und Normen. Diese Verletzung des guten Tones konnte jedoch nur funktionieren, weil es noch einen guten Ton gab. Ethische und soziale Werte, die sich über Jahrzehnte aufgebaut und bewährt hatten, konnten nicht innerhalb kürzester Zeit ausgelöscht und vergessen werden. Wenn es diese nämlich nicht gegeben hätte, dann hätte zum Beispiel die Literatur de Sades als Negierung dieser Werte nicht schockieren können, da die moralische

Hässlichkeit dieser Texte ohne einen positiven Maßstab nicht zum Ausdruck kommt.

Formen des Hässlichen

Rosenkranz unterscheidet zwischen verschiedenen Formen des Hässlichen. Allen diesen Formen ist jedoch gemein, dass sie negativ und unvollkommen sind, ebenso wie das Schöne positiv und vollkommen ist. Man darf jedoch nicht als Rückschluss ziehen, dass alles Negative und Unvollkommene hässlich und alles Positive und Schöne vollkommen ist. Gerade in der Natur gibt es viele Unvollkommenheiten, die aber trotzdem als ästhetisch schön gelten, wie z. B. Blüten. Die Blüten eines Apfelbaumes haben nicht die Vollkommenheit eines Apfels, doch wirken sie ästhetisch vollkommener als die fertige Frucht. Auch ein Kleinkind, dass in seinen Fertigkeiten längst nicht die Perfektion Erwachsener erreicht hat, würde von niemandem als hässlich angesehen werden. Die Unvollkommenheit des Hässlichen unterscheidet sich von Unvollkommenheiten eines Werdeganges zumeist darin, dass sie keine Vorstufe der Vollkommenheit, sondern eine fertige Form darstellt.

Da äußerliche Schönheit sich bei Rosenkranz besonders über eine perfekt abgegrenzte, in sich stimmige und symmetrische Gestalt definiert, ist ein wichtiges Charakteristikum des Hässlichen für ihn die Formlosigkeit. Darunter versteht er Gestaltlosigkeit (Amorphie), Ungestalt (Asymmetrie) sowie eine Misseinheit der Gestalt (Disharmonie). In der Kunst macht auch eine Inkorrektheit der Darstellung, d. h. eine ungenaue, falsche oder verzerrte Mimesis des Natürlichen, Hässlichkeit für ihn aus. Rosenkranz unterscheidet bei den Formen des Hässlichen vor allem das Naturhässliche und das Geisteshässliche. Die Natur ist für ihn ein Tummelplatz der Hässlichkeiten. Es gibt Gebirge, die düster und bedrohlich aussehen, stinkende, faulige Tümpel, Pflanzen, die entarten und verwelken und Tiere, die aus Gründen der Anpassung an ihre Umwelt deformiert und hässlich sind (z. B. der Ameisenbär oder Amphibien).

Zu dem Naturhässlichen zählt Rosenkranz z. B. das Plumpe (als Gegensatz zur kleinen, zierlichen Form), das Naturwidrige (wie Trunkenheit und Erbrechen), das Ekelhafte (Schweiß, Schleim, Blähungen, Kot) sowie Tod, Verwesung und die Leere eines seelenlosen Körpers.

Die höchste Form des Hässlichen ist für ihn jedoch die des Geisteshässlichen, unter der Rosenkranz das Böse, Verbrecherische, Gespenstische und Diabolische versteht. Im Gegensatz zu den bereits beschriebenen äußeren Formen der Hässlichkeit sind diese innerlich. Sie sind das moralisch und ethisch Hässliche und wiegen umso schwerer, als dass sie eine Willensfreiheit und eine bewusste Entscheidung für das Hässliche voraussetzen.

Formen des Hässlichen bei Sade

Es ist unbestreitbar, das der Marquis de Sade die von Rosenkranz aufgestellten Kategorien der Hässlichkeit erreicht, er ist sogar einer jener seltenen Fälle, in denen das Naturhässliche mit dem Geisteshässlichen kombiniert wird.

In seinen Schriften finden sich viele Formen des Naturhässlichen wieder. Seine pervertierten sexuellen Phantasien beinhalten oft Elemente des Ekelhaften, wie die mannigfache Erwähnung von Körpersäften wie Blut, Sperma und Fäkalien. Auch das Naturwidrige ist in de Sades zahlreichen sodomitischen Phantasien sowie Orgien voller Völlerei und Wollust wiederzufinden:

> Die jungen Mädchen wurden nun von mir beauftragt, die Glieder der Knaben wieder zum Stehen zu bringen. Sobald sie wieder in die Luft ragten, steckte ich zwei davon in meine Scheide und eines in meinen Popo, eines leckte ich, zwei steckte ich mir unter die Achselhöhlen, ein anderes in meine Haare, zwei kitzelte ich mit den Händen und das zehnte ließ ich an meinen Augen reiben.[269]

Das höchste Maß der Hässlichkeit erreicht die Literatur des Marquis jedoch erst durch ihre absolute Geisteshässlichkeit. Die Protagonisten sind getrieben von Boshaftigkeit und ausschließlich auf sexuelle Erfüllung aus. Hierbei erreichen sie ganz besondere Befriedigung durch Verbrechen.

In der „Histoire de Juliette" zum Beispiel verschafft sich die Clairvil, eine Gefährtin Juliettes, einen besonders schönen Godemiché, indem sie den Geistlichen Claudius nach dem Sex tötet und seinen Penis abschneidet und aufbewahrt.[270]

Auch ist es durchaus üblich, dass bei Massenorgien Jungfrauen vergewaltigt und ganz zum Vergnügen der Beteiligten umgebracht werden.

„Warum tun sie denn gar nichts?" fragte ihn Saint-Fond, indem er sich des zweiten Mädchens bemächtigte. „Nein, nein, besorgen Sie nur die Entjungferung", sagte der alte Wüstling, „ich begnüge mich mit der Marterung, überlassen Sie sie mir, wenn sie fertig sind."[271]

---

[269] Marquis de Sade: Juliette oder die Vorteile des Lasters. 6. Auflage. München: Ullstein Taschenbuchverlag 2001. S. 226.

[270] ebd. S. 137.

[271] ebd. S. 59.

Das Geisteshässliche in seiner absoluten Form des Satanischen vereint mit den ekelhaften Scheußlichkeiten des Naturhässlichen machen die Texte des Marquis de Sade zu einer Inkarnation des Bösen und Hässlichen.

Überwindung des Hässlichen durch die Komik

Ebenso wie das Hässliche in seiner Definition vom Schönen abgegrenzt wird, so steht auf seiner anderen Seite die Komik. Während das Schöne bei einer Steigerung immer noch schöner wird, so führt eine Übertreibung des Hässlichen zur Komik.

Witz, Karikatur oder Parodie sind die einzigen Mittel, um das Hässliche aufzulösen, die, wenn sie ihm auch nicht seine Schönheit wiedergeben können, doch das Grausame neutralisieren und überwinden. Es ist nur ein kleiner Schritt von der verzerrten Fratze des Diabolischen zu einer komischen Grimasse.

Das Hässliche wird also in Relation zum Schönen definiert und kann durch die Komik wieder aufgelöst werden. Intertextuell wird in der Literatur de Sades schwerlich etwas Komisches zu finden sein, um seine Grausamkeiten aufzuheben. Jedoch schufen Autoren der französischen Dekadenz – so pervertiert und unmoralisch ihr Literaturanspruch auch war – Parodien auf die Werke de Sades.[272] Zum einen zeigt diese Tatsache, wie bekannt und verbreitet die Schriften des Marquis im Fin de siècle wirklich waren, denn eine Parodie auf einen Text zu verfassen macht nur Sinn, wenn der Primärtext einem möglichst breiten Publikum bekannt ist. Es stellt sich jedoch die Frage, warum diese Parodien überhaupt angefertigt wurden, denn wie sich das Bild der Décadence bisher dargestellt hat, so konnten die Vorstellungen von Moral und Tugend nicht weit genug überschritten werden. War der „göttliche Marquis" zu extrem, überschritten seine Phantasien und Grausamkeiten auch den guten Geschmack der Leser im ausgehenden 19. Jahrhundert, so dass Parodien angefertigt werden mussten, um die Perversionen und Hässlichkeiten de Sades aufzulösen?

Oder geschah dies aus rein kommerziellen Gründen, die Beliebtheit und Bekanntheit eines Autors ausnutzend, jedoch ohne tiefere Intention? Es sind hierfür viele Möglichkeiten denkbar und eine eindeutige Antwort wird sich wohl nicht finden lassen. Es ist wahrscheinlich, dass die kommerziellen Gründe auch ein Auslöser waren. Jedoch – wie bereits angesprochen – kann eine moralische Grenzüberschreitung nur funktionieren, wenn es eine Grenze gibt. Für die Leute aber, die den allgemeinen Zeitgeschmack der Décadence nicht teilten und an

---

[272] Beilharz, A.: Die Décadence und Sade.

eben jenen ethischen Werten festhielt, waren die Parodien eine Möglichkeit, die Abscheulichkeiten des Marquis, sowie die Vorlieben ihrer Zeitgenossen anzuprangern und durch die Komik lächerlich zu machen.

Sadismus oder Satanismus?

Abschließend bleibt die Frage zu erörtern, ob der Nihilismus des Marquis de Sade nur eine Verachtung der gesellschaftlichen Werte und Normen darstellt, oder ob seine Faszination an Laster, Verbrechen und Perversionen tatsächlich satanischen Charakter hatte.

Marquis de Sade und Gilles de Rais

Bevor die Frage geklärt werden kann, inwieweit der Sadismus des Marquis de Sade mit Satanismus einhergeht, ist es notwendig, sich der Person Gilles de Rais zuzuwenden, einem französischen Adeligen des 15. Jahrhunderts, der in Huysmans Roman „Tief unten"[273] eine zentrale Rolle spielt und der in der Décadence entschieden die Kombination von Sadismus und Satanismus prägte.

Gilles de Rais hat als fanatischer Katholizist an der Seite Jeanne d'Arcs gekämpft, und ist nach ihrem Tod ein Anhänger Satans geworden. Nachdem er ihm zu Ehren Kinder getötet hatte, hat er seine größte Freude aus grausamen, sadistischen und nekrophilen Misshandlungen an ihnen gezogen und wurden zum Massenschänder und –mörder.

In „Tief unten" wird de Sade mit diesem Gilles de Rais verglichen und als „gehemmter Kleinbürger" und „armseliger Geschichtenerfinder" tituliert.[274]

Wenn man sich vergegenwärtigt, dass der historische Gilles de Rais schätzungsweise 140 bis 800 Kinder – zum Teil im Namen Satans – bestialisch gequält und umgebracht hat, der historische Marquis jedoch höchstwahrscheinlich nie einen Mord beging und seine schlimmsten Verbrechen in der Literatur stattfinden, dann ist diese Aussage Huysmans durchaus zutreffend. Ist de Sade also wirklich als harmloser, gehemmter Geschichtenerzähler abzutun?

Meiner Meinung nach nicht. Denn das Böse ist nicht in Relation zu dem Bösen zu definieren. Obwohl es ganz klar von der allgemeingültigen Definition des

---

[273] Huysmans, Joris-Karl : Tief unten. Stuttgart: Philipp Reclam jun. 1994.

[274] ebd. S. 62.

Schönen abhängt und obwohl es verschiedene Stufen des Bösen gibt, gibt es nicht das absolute Satanische. Und wenn es kein absolutes Satanisches gibt, dann muss man jeden Fall für sich vom Positiven ausgehend definieren und beweisen. Es ist unbestreitbar, dass der Sadismus Gilles de Rais' satanischen Charakter hatte. Doch dies schließt nicht aus, dass der des Marquis de Sade nicht auch diabolisch war. Daher werde ich jetzt in meiner Beweisführung fortfahren.

Diabolisch nach Karl Rosenkranz

Laut Rosenkranz ist die höchste Form der Geisteshässlichkeit das Diabolische. Die Stufen zur Erreichung des Diabolischen sind der böse Wille, die Realisierung des bösen Willens (das Verbrecherische), wodurch eine Welt der Verneinung und des Nichts geschaffen wird (das Gespenstische) und schließlich im Bewusstsein des Bösen, Verbrecherischen und Gespenstischen liegt das Diabolische.

Die Protagonisten de Sades handeln unter Willensfreiheit böse und erfreuen sich an ihren Verbrechen. Sie sind sich ihrer Schlechtigkeit bewusst, leben und genießen sie dennoch und versuchen immer neue und höhere Formen des Grausamen und der Bosheit zu erreichen. Man kann zweifelsfrei feststellen, dass die höchste Form der Hässlichkeit, das Satanische, nach der Definition Rosenkranz' erreicht ist.

Die „Religiosität" Sades

Die Texte des Marquis de Sade sind auf eine gewisse Weise sehr religiös. Dies mag auf den ersten Blick absurd und paradox erscheinen, jedoch spricht sich der Marquis in seinen Werken so konsequent gegen das Existieren einer gerechten Gottheit und den Sinn einer Religion aus, dass dies nicht mehr als Atheismus gelten kann. Wie bereits erwähnt, klingt es viel eher als eine Herausforderung an einen guten Gott und eine Aufforderung zum Kräftemessen. Doch als was soll man den Herausforderer und selbstgewählten Gegenpol einer gerechten und guten Gottheit titulieren, wenn nicht als seinen natürlichen Widerpart Satan, der laut Milton doch ebenfalls als Herausforderer begann?

Hölle" ziehen kann, ist die Position des Verführers. Ebenso wie Satan den Verführer der Menschheit verkörpert, führte der Marquis de Sade Reinheit und Tugend in Versuchung.

Satanismus als höchste Form der Perversion

Wenn es Leser gibt, die von allen bisher genannten Argumenten nicht überzeugt werden konnten, so werde ich jetzt noch einmal den Marquis de Sade selber für sich sprechen lassen, denn meiner Meinung nach ist es - auch ohne wissenschaftliche Ausführungen – der gesunde Menschenverstand, der uns die Schriften dieses Mannes als ein Superlativ des Bösen erkennen lässt.

Man kann willkürlich eine Seite der „Histoire de Juliette" aufschlagen und wird immer sexuelle Perversionen:

> Endlich entlud der Mönch, er schreit wie ein Esel und hinterlässt die deutlichsten Spuren seines Genusses. Clairvil schwamm im Blut. Ich brannte vor Begier, es ihr gleich zu tun.[275]

oder die brutalsten Verbrechen gegen das Menschliche:

> Nachdem ich mit dem ersten auf der Jagd Menschen getötet, getrunken und gelogen mit dem zweiten, zum Überdruss gevögelt mit dem dritten, fraß ich Menschen mit jenen. Diesen Geschmack habe ich beibehalten.
>
> Die Leichenüberreste, die ihr hier sehet, rühren von Menschen her, die ich gegessen. Ich nähre mich nur von Menschenfleisch. Ich glaube, ihr werdet zufrieden sein mit der Mahlzeit, die ich euch anbiete. Man hat hierzu einen bildhübschen fünfzehnjährigen Burschen geschlachtet. Er muss ausgezeichnet sein.[276]

finden.

Es gibt kaum ein Synonym für „satanisch", mit dem nicht auch die Phantasien des Marquis de Sade beschrieben werden könnten. Des weiteren lassen sich in eben jenen perversen Orgien des Marquis de Sade durchaus Ähnlichkeiten mit einer schwarzen Messe finden, wie sie laut einer Schilderung Huysmans im Fin de siècle praktiziert wurde:

---

[275] Marquis de Sade: Juliette. S. 135.

[276] Marquis de Sade: Juliette. S. 200-201.

Während nun die Chorknaben sich mit den Männern verbanden, die Hausherrin hochgeschürzt den Altar bestieg, mit einer Hand das Gemächt des Christus fasste und mit der anderen ihm den Kelch zwischen die nackten Beine schob...[277]

Auch die Entweihung und Schändung der Hostien durch sexuelle Handlungen lässt sich in der oben beschriebenen „Aufforderung" des Marquis de Sade an Gott wiederfinden.

Schließen möchte ich mit einem Zitat Mario Praz' über den Marquis de Sade:

„‚Alles ist gut, alles ist Gottes Werk' wird bei ihm zu: ‚Alles ist böse, alles ist Satans Werk.'"[278] Und wenn bei jemandem alles zu einem Werk Satans wird, was kann dieser jemand dann anderes sein als selbst nur ein weiteres Werk Satans?

---

[277] Huysmans: Tief unten. S. 281.

[18] Praz, Mario: Liebe, Tod und Teufel. Die schwarze Romantik. 2. Auflage. München: dtv Wissenschaft 1981.

Schlussbemerkung

Am Ende meiner Ausführungen bleibt nicht mehr viel zu sagen.

Es ist gleichermaßen die Literatur und die Person des Marquis de Sades, die seit 200 Jahren die Menschen fasziniert und abstößt und ganz besonderen Anklang fand dieser Grenzüberschreiter in der moralischen Verfallsgesellschaft des Fin de siècle, die das böse, verbrecherische und diabolische Element seiner Texte ästhetisierte und idealisierte.

Es hat sich auch als wahr erwiesen, dass die sadistischen Schriften und Taten des Marquis durchaus als satanistisch bezeichnet werden können.

Literaturverzeichnis

Marquis de Sade: Justine oder vom Missgeschick der Tugend. München: Ullstein Taschenbuchverlag 2002.

Marquis de Sade: Juliette oder die Vorteile des Lasters. 6. Auflage. München: Ullstein Taschenbuchverlag 2001.

Hyusmans:, Joris-Karl: Tief unten. Stuttgart: Philipp Reclam jun. 1994.

Beilharz, Alexandra: Die Décadence und Sade. Untersuchungen zu erzählenden Texten des französischen Fin de Siècle. Stuttgart: M und P, Verlag für Wissenschaft und Forschung 1996.

Praz, Mario: Liebe, Tod und Teufel. Die schwarze Romantik. 2. Auflage. München: dtv Wissenschaft 1981.

Blanchot, Maurice: Sade. 2. Auflage. Berlin: Henssel Verlag 1986.

Dühren, Eugen: Neue Forschungen über den Marquis de Sade und seine Zeit. Berlin: Harrwitz Verlag 1904.

Rosenkranz, Karl: Ästhetik des Hässlichen. Leipzig: Reclam Verlag 1990.

Einzelpublikationen:

Susanne Becker (2007):Die Faszination des Bösen bei Marquis de Sade - Zwischen Philosophie und Pornographie

ISBN: 978-3-638-91003-3

Andrea Franz (2006): Der Glücksbegriff im Sadeschen Werk

ISBN: 978-3-640-60506-4

Vivian Gjurin (2006): Theorie der Sexualität bei Sade. Überlegungen anhand von "La Philosophie dans le boudoir"

ISBN: 978-3-640-42431-3

Bastian Bammert (2007): Von der Monopolisierung der Gewalt zum Arbeitsprozess und der rationalisierten Sexualität bei Marquis de Sade. Arbeiter und Arbeitsprozess in Analogie zu den Libertins und der de Sadeschen Orgie

ISBN: 978-3-638-86165-6

Annika Wakup (2004): Die Ästhetisierung des Bösen: Marquis de Sade

ISBN: 978-3-638-75519-1